돈 많은 백수가 꿈인

청소년이

읽어야 할 이야기!

김전성 지음

뚜드림

일상 속 작은 변화가
나의 미래를 바꾼다

미래를 향한 도전에 첫걸음을 내딛고 있다면?
꿈꾸고, 도전하는 사람들을 위한 아름다운 메시지!

한 발 한 발 성장하는 여정,
이미 도전은 시작되었습니다

어릴 때부터 춤이라는 예술 장르를 좋아하게 되어서 자연스럽게 춤을 추기 시작했습니다. 춤과 함께한 어린 시절은 무척이나 열정적인 시기였습니다. 그 열정은 시간이 지나면서 나의 직업이 되었고 현재는 강의, 기획, 공연 등 다양한 분야에서 활발히 활동하고 있습니다.

이 책을 출판하게 된 계기는 초·중·고등학교와 대학교에서 강의를 하면서 학생들에게 자기소개를 할 때마다 꿈이 없거나 '돈 많은 백수'가 되고 싶다는 말을 자주 듣게 되었기 때문입니다.

학생 시기는 인생에서 가장 중요한 시기입니다. 누구나 편안한 삶을 꿈꾸지만, 현실은 결코 만만치 않습니다. 저 역시 그런 꿈을 꾸었지만, 사회에서 원하는 것을 얻기 위해서는 인내와 노력 없이는 불가능하다는 것을 깨달았습니다.

이 분야에서 활동하면서 배운 것은, 누구나 좋아하는 일이 있고 그 일을 직업으로 삼고 싶어 하지만 현실은 힘들고 냉정하다는 것입니다. 그러나 도전에서 실패하는 것이 아니라, 해보지도 않고 포기하는 것이 진정한 패배라는 교훈을 얻었습니다. 이 교훈을 마음에 새기고 넘어지면 다시 일어나고 또 넘어지면 다시 일어나는 과정을 반복하며 한 발 한 발 천천히 나아갔습니다.

저는 지식으로 많이 배운 것은 없지만, 직접 몸으로 부딪히며 활동하면서 지식이 아닌 체험으로 많은 것을 배웠습니다. 한 명의 인생 선배로서, 예술가로서 제가 배운 방향을 학생들에게 알려주고 싶었습니다. 학생 시절부터 원하는 꿈을 조금씩 만들어 간다면 더 나은 미래를 만들 수 있을 것이라는 확신이 있기에 여러분이 향하는 발걸음에 조금이라도 힘이 되고자 이 책을 쓰게 되었습니다.

이 책이 여러분의 꿈을 이루는 여정에 작은 등불이 되기를 바랍니다. 여러분도 저처럼 넘어지더라도 다시 일어나 자신만의 길을 찾아갔으면 좋겠습니다. 지금 당장 시작하세요. 두려움은 뒤로하고 도전을 향해 한 걸음 내딛는 순간, 이미 여러분은 성장하고 있는 것입니다.

김전성

2장　내일을 위한
피, 땀, 눈물

3장 멋진 미래를 만드는 오늘의 나

4장 너와 나, 함께 만들어 가는 미래

에필로그

하루하루 배움과 노력의 여정,
이미 나는 꿈을 향해 성장하고 있습니다

1장

내일을 위한
내 일

지금 내 모습은
과거에 흘린 땀과
노력의 결과물이야!

돈 많은 백수가 꿈인 청소년이 읽어야 할 이야기!

출발점은 같았는데,
결과는 왜 차이가 날까?

학창 시절, 저는 여러분과 마찬가지로 교복을 입고 매시간 다양한 과목을 배웠습니다. 어린 시절 제 꿈이 무엇이었는지 생각해 봅니다. 꿈이라기보다는 우연히 TV에서 본 브레이크댄스(비보이)에 *매료되어, 멋있고 좋다는 이유로 매일 같이 연습했던 기억이 머릿속을 채우고 있습니다. 그 시절, 저를 즐겁고 행복하게 만들어 준 그 소중한 노력이 저를 성장케 했고, 지금의 저를 만들었습니다.

주변을 돌아보면 대부분의 친구들이 비슷한 환경에서 살아간

---

*   매료(魅了) 사람의 마음을 완전히 사로잡아 홀리게 함.

다는 걸 알 수 있습니다. 같은 학교와 학원을 다니고, 비슷한 옷과 신발을 사고, 취미나 즐길 거리 등도 공유하고… 이렇게 우리는 비슷한 생활 속에서 비슷한 생각을 가지고 살아갑니다. 물론 TV나 영화 속처럼 범접할 수 없는 재력이나 권력을 가진 사람들을 보면 우리와 너무나 다르다고 생각될 수도 있지만, 정작 현실에선 그와 같은 사람들을 쉽게 찾아볼 수 없죠.

결국 나와 함께 생활하는 친구들은 무엇을 하든 출발점이 같았다고 할 수 있습니다. 그런데, 시간이 지나 사회를 향해 발걸음을 옮겼을 때, 어릴 땐 서로 크게 다르지 않았던 친구들 사이에 큰 격차가 생기는 것을 알 수 있습니다. 분명 시작은 비슷비슷했는데, 도달하는 곳은 왜 이렇게 차이가 나는 것일까요?

당신이 지나치게 오랜 시간 TV나 유튜브의 오락프로그램을 보고,

장시간 게임을 즐기고 있을 때,

그들은 성실하게 인간관계를 넓혀가고 있었기 때문입니다.

당신이 침대에서 게으름을 부릴 때,

그들은 땀 흘리며 러닝머신 위를 달리고 있었기 때문입니다.

당신이 적당히 숙제하고 친구의 것을 베낄 때,

그들은 자신에게 주어진 과제를 진지하게 받아들이고 성실하게 연구하고 있었기 때문입니다.

당신이 밀린 드라마를 몰아보고 있을 때,

그들은 꾸준히 자신이 하고 싶은 일을 향한 공부를 해왔기 때문입니다.

물론 TV나 유튜브를 보고, 게임을 하는 것이 나쁘다는 것은 아닙니다. 유튜브나 TV에는 좋은 프로그램도 많고 스트레스를 풀기 위해 게임을 하는 경우도 있을 겁니다. 하지만 문제는 지나치게 오랜 시간을 낭비하고 있을 때입니다.

훗날 서로가 맞이할 현실의 차이는 지금의 작은 행동 하나하나에서 비롯됩니다. 지금 나의 행동과 먼 훗날 나의 모습을 떠올려 보세요. 그저 편안한 소파에 기대고 앉아 유튜브를 보며 웃고 있는 당신과 내일을 준비하는 친구들, 우리는 어떤 삶을 살아가고 있을까요?

당신이 직장을 구하지 못해 발을 동동 구르고 있을 때,
그들은 자신이 원하는 직업을 가지거나 직장에 다니고 있을 겁니다.
당신이 되는 일이 없다며 신세 한탄만을 하고 있을 때,
그들은 자신이 일하는 분야에서 인정받고 더욱 *도약하는 삶을 살고 있을 겁니다.

---

*   도약(跳躍)   더 높은 단계로 발전하는 것을 비유적으로 이르는 말.

지금도 당신은 그저 되는 대로 살아가고 있을 때에도, 그들은 인생 계획을 세우고 하나하나 목표했던 것을 실현하고 있습니다. 그래서 우리의 삶에는 격차가 생기는 것입니다.

하지만, 지금도 늦지 않았습니다. 당장 작은 것부터 하나씩 변해가도 큰 차이를 만들어 낼 수 있습니다. 스마트폰을 잠시 멀리 두고 내일 내가 해야 할 일을 생각해 보세요. 해야 할 것이 반드시 생각날 겁니다. 그렇다면 행동에 옮기세요!

이렇게 내일 할 일부터 준비하는 습관을 들이며, 먼 미래를 위한, 나의 꿈을 위한 목표를 정하고 한 걸음씩 전진하는 생활을 하다 보면 훗날 여러분들은 꿈꾸던 모든 것을 이룰 수 있을 겁니다.

내일을 위한 메시지

이야기의 주제와 관련해 나의 이야기를 마음껏 써보세요.
꿈에 한 걸음 더 다가가는 여러분만의 이야기를 만들어 보세요.

공부, 일, 취미, 휴식 등
한 가지에만 치우치는 게 아니라
밸런스를 잘 조절하는
습관이 중요해!

어디로 갈까, 무엇을 할까
그것이 문제로다!

학창 시절에는 미래에 대해 크게 생각하지 않고 단지 좋아하는 춤에만 몰두해 하루하루를 보냈습니다. 사회생활을 시작하고 나서야 무엇을 해야 할지 막막함이 밀려왔습니다. 배움도 부족하고 자격증도 없었으며, 제가 좋아하는 춤으로는 직업을 갖기 어려웠기 때문에 생계를 유지하기 위해 어떠한 일이든 가리지 않고 여러 직업을 전전하며 시간을 보냈습니다. 하지만 머릿속에는 온통 춤 생각으로 가득 차 있었습니다.

우리는 하루에도 수십 번도 더 질문을 던지며 무엇을 선택해야 하는 문제에 놓여 있습니다.

'오늘은 무엇을 먹을까?'

'오늘은 무슨 옷을 입고 나갈까?'

이런 사소한 것에서부터,

'나에게는 어떤 직업이 어울릴까?'

'어떤 전공으로 진학해야 할까?'

'내가 가는 길이 맞는 것일까?'

　한순간의 선택으로 자신의 미래가 달라지는 질문에 스스로 답을 하며 살아갑니다. 즉 사람들은 언제나 선택의 갈림길에 서 있다는 말과 같습니다.

　사회에 진출한다고 해서 고민거리나 선택해야 할 일이 줄어드는 것도 아닙니다. 오히려 더 심각한 고민에 빠질 수도 있습니다. 직장에 다니는 사람들은 과도한 업무와 상사나 직장 동료로 인한 스트레스 때문에 하루에도 수십 번 사직서를 낼까 고민하고, 직장이 없는 사람들도 내게 맞는 일터보다 무조건 조건이 좋은 회사를 찾아 헤매며 귀한 시간만 허비할 수도 있습니다. 보통은 쉽게 결정을 내리지 못해 고민의 시간은 더욱 깊어가기만 합니다.

지금 여러분도 다양한 선택지 앞에 고민하고 있을 겁니다. 특히 미래에 하고 싶은 일은 너무나 많은데, 무엇을 해야 할지 갈피를 못 잡고 있을 가능성이 큽니다.

　세상에는 무수히 많은 일들이 존재합니다. 거기서 내가 진정으로 하고 싶은 일을 찾았나요? 그게 한 가지인가요, 아니면 여러 가지인가요? '이것이 나의 길이다'라고 생각해서 열중하다 보면 또 다른 일이 눈에 밟히는 경우도 많습니다. 이때 누군가는 가던 길을 멈추고 다른 진로를 선택하거나, 또 다른 누군가는 이것저것 많은 것을 한 번에 경험하면서 적성을 찾아보기도 합니다.

　여러분은 어떤가요? 한 가지 일에 집중하는 편인가요, 아니면 여러 가지 일을 다 해보고 싶은가요?

　한 가지 일에 몰두하는 것과 여러 가지 일을 천천히 다양하게 경험하는 것은 '성장'에서 차이가 나타납니다. 전자는 목표점을 향해 빨리 갈 수는 있지만, 그 길이 한정되어 있어 선택의 폭이 좁아지게 되죠. 후자는 정해진 목표점에 도달하는 시간이 길어질 수 있고, 여러 일을 하다 보면 몸과 마음이 지쳐 포기가 쉬워질 수도 있지만, 다양한 선택지를 펼쳐놓고 여러 일을 경험할 수 있다는 장점이 있습니다.

한 가지 일에 집중하며 한 우물만 팔 것인가?

여러 경험을 하며 다양한 우물을 팔 것인가?

복잡하고 어려워 보일 수도 있는 문제지만, 이 문제는 여행을 갈 때 '산으로 갈까', '바다로 갈까'와 같이 결국 내가 선택해야만 하는 문제입니다.

'산으로 가면 바다로 갈걸, 바다로 가면 산으로 갈걸'하면서 미련을 남기는 게 우리의 마음입니다. 그래도 어쨌든 여행은 가야 합니다. 고민만 하다 보면 결국 둘 다 놓쳐버릴 수도 있습니다.

앞으로 살아가면서 수많은 선택지 앞에 서 있을 당신. 그 앞에서 망설이면 안 됩니다. 고민의 시간은 줄일수록 좋습니다. 고민보다 더 중요한 것은 선택한 이후의 실천입니다.

선택은 언제나 나의 몫입니다. 정답은 스스로가 정하는 것이니까요. 그러니 이것저것 재기보다는 마음이 움직이는 방향을 선택하는 것이 좋습니다.

다만, 너무 한 우물만 파다 보면 *매너리즘에 빠질 염려도 있습

---

*   매너리즘   항상 틀에 박힌 일정한 방식이나 태도를 취함으로써 신선미와 독창성을 잃는 일.

니다. 그러니 몇 가지 정말 하고 싶은 일을 찾아 충분히 경험해 보고 빨리 자신의 길을 찾아 집중하는 것이 현명합니다.

다시 한번 강조합니다. 시간은 당신을 기다려 주지 않습니다. 오늘의 선택이 당신의 10년 후를 변화시킬 수도 있습니다. 선택지 앞에서 신중하되 망설이지 않는 사람이 진정 멋진 삶을 일굴 수 있습니다.

내일을 위한 메시지

이야기의 주제와 관련해 나의 이야기를 마음껏 써보세요.
꿈에 한 걸음 더 다가가는 여러분만의 이야기를 만들어 보세요.

26

잠들기 전, 꿈꾸는 사람이
꼭 해야 할 일은?

비보이에 대한 열정으로 매일 열심히 땀을 흘리며 연습했습니다. 그 덕분에 집에 돌아오면 피곤함에 금방 잠이 들곤 했습니다. 편안한 침대에 누워서 오늘 하루 동안의 연습을 떠올리며, 어제보다 나아진 점이 있는지, 다른 연습 방법이 더 효과적이지 않았을지를 곰곰이 생각했습니다. 오늘 익힌 동작이 완성되면 어떤 멋진 모습으로 연결될지를 상상하는 것이 잠들기 전의 일과였습니다. 수많은 관중이 있는 공연장에서 멋진 연속 동작을 선보이는 꿈을 항상 꿔왔습니다.

오늘 하루도 너무나 먼 길을 다녀왔습니다. 꿈을 위해 한 걸음 더 나아갔고 내게 주어진 일에 충실하며 보람된 하루를 보냈습니다. 이제는 오늘 하루 수고한 내 몸과 마음에 충전의 시간이 필요한 때입니다.

하지만 바로 잠들면 안 됩니다. 꿈꾸는 사람은 잠자기 전 반드시 해야 할 일이 있습니다. 내일을 꿈꾸며 힘든 여정에 있는 당신에게 주문을 걸어보는 겁니다.

어려운 주문이 아닙니다. 조용히 눈을 감고 내가 앞으로 사회에서 이루게 될 훗날의 모습을 상상하고 그려보는 겁니다. 어떤 그림이 펼쳐지나요?

의사가 되어 환자를 치료하는 모습
판사가 되어 정의로운 판결을 하는 모습
대기업에 취업해서 주변 사람들의 칭찬을 받는 모습
의상 디자이너가 되어 패션쇼에 나의 작품을 선보이는 모습
PD가 되어 전 국민을 웃게 하는 예능 프로그램을 기획하는 모습
대통령이 되어 다른 나라 정상과 회담하는 모습

…

그 어떤 꿈이라도 좋습니다. 내가 원하는 다양한 모습을 그려보는 것만으로도 주문은 이미 충분히 효과를 발휘하고 있습니다.

간절히 바라면 꿈은 이루어진다는 말이 괜히 생긴 말이 아닙니다. 긍정의 힘은 정말 엄청난 위력을 발휘합니다. 힘든 일상이지만 꿈을 위해 꿋꿋이 참고 견뎌내는 힘은 긍정적인 마음에서 비롯되기도 합니다.

나의 꿈이 펼쳐질 미래

당신의 꿈은 당신의 것입니다. 당신이 이룰 수 있기에 꿈을 꿀수 있는 겁니다. 매일매일 꿈을 그리고, 그 꿈속에서 가슴에 품었던 이상을 펼쳐보세요.

꿈속에서 당당히 내가 원하는 모습으로 그런 삶을 경험하다 보면, 정말로 그 순간이 왔을 때 미리 그려진 설계도처럼 자신 있게 그 자리에서 당당할 수 있는 자신을 발견할 수 있을 겁니다.

오늘의 나의 하루가 모여 미래를 만들 듯, 매일 밤 꿈의 주문도 그 간절함이 모여 당신을 꿈의 종착지로 안내할 것입니다.

꿈은 나의 실현될 현실이며, 꿈은 오늘의 나를 이끌어 갈 원동력입니다!

이야기의 주제와 관련해 나의 이야기를 마음껏 써보세요.
꿈에 한 걸음 더 다가가는 여러분만의 이야기를 만들어 보세요.

정해진 미래 vs 개척하는 내일, 나의 미래를 만드는 것은?

한 손으로 배를 받쳐 돌리는 비보이 동작을 처음 본 순간, 저는 깊은 인상을 받았습니다. 사람이 어떻게 그런 움직임을 할 수 있는지, 보기만 해도 신비롭고 멋져 보였습니다. 그 당시에는 인터넷이 보편적이지 않았고 관련 자료도 풍부하지 않았기에 TV만으로는 동작을 정확히 이해하기 어려웠습니다. 그러나 저는 그 동작에 도전하고 싶다는 *열망이 생겼고, 당시 나만의 방법으로 여러 연습 방안을 **고안하고 시도하며 매일 꾸준히 연습했습니다. 그 결과 원하던 동작을 마침내 완성할 수 있었습니다.

---

*   열망(熱望)   열렬하게 바람.

**   고안(考案)   연구하여 새로운 안을 생각해 냄. 또는 그 안.

돈 많은 백수가 꿈인 청소년이 읽어야 할 이야기!

우리는 머나먼 항해를 위해 막 항구를 떠난 배와 같습니다. 길고도 긴, 험난한 여행길에 나선 우리들은 어디를 향해 나아가야 할까요?

종착점을 명확히 알고 있다면 한결 수월할 수 있습니다. 필요한 물품과 정보만을 챙겨서 여행을 떠나면 되는 것이죠. 특히 내가 나아갈 길이 누군가가 지나간 길이라면 많은 정보가 있는 길일 수 있습니다. 정보가 확실한 길이라면 그 길을 먼저 밟고 간 사람들의 지식과 정보를 얻어 정해진 미래를 향해 조금은 편안한 여행길을 갈 수 있습니다.

하지만, 우리의 여행길은 그렇게 호락호락한 것만도 아닙니다. 누구나 도달할 수 있는 길이라면 끝없는 경쟁과 그 속에서 살아남기 위한 치열한 노력이 필요치 않겠죠. 우리가 가는 여행길에는 곳곳에 암초가 있고, 높은 파고에 몸 하나 제대로 가누지 못할 수도 있으며, 누군가의 도움을 받기 힘든 여건일 수도 있습니다.

개척하는 길이 아름다워 보이는 것도 이러한 고통과 그 고통을 극복하는 멋진 스토리가 펼쳐지기 때문이죠. 여러분은 어떤 길을 선택해 목적지로 향하고 있나요?

비교적 정보가 많고 도달하기 어렵지 않은 길에는 수많은 경쟁자가 있을 수 있습니다. 목적지에 도달하기는 쉬우나 그만큼 내가 얻는 것은 생각보다 적을 수도 있다는 말이죠.

스스로 개척해야 하는 길은 어떨까요? 내가 가는 길에 경쟁자는 거의 없겠지만, 도움받을 수 있는 정보도 적고 홀로 거의 모든 걸 헤쳐 가야 하는 험난한 여행길이기에 힘든 여정이 될 겁니다. 그렇더라도 일단 목적지에 도달하면 내가 얻는 것은 정보가 많은 길보다 훨씬 클 테죠.

어떤 길로 향하든 틀린 길이 아닙니다. 여러분이 선택한 길입니다. 그 선택에 후회가 없기 위해서는 시간이 주어졌을 때 끊임없이 진로를 탐색하고 나의 적성을 탐구해야 합니다. 그렇게 해서 여행길에 나서야 어떤 길을 나서든 후회가 없습니다.

그런데 사람들이 착각하는 것이 하나 있습니다. 사람들은 개척하는 길로 나서는 이들을 보며, 해보나 마나 결과가 뻔하다고 말합니다.

정말 그런 걸까요?

일반적으로 사람들은 결과가 뻔하다면(실패할 가능성이 높다면) 굳이 도전하지 않으려고 합니다. 시간 낭비, 돈 낭비, 감정 낭비가 될 텐데 왜 그런 도전을 하느냐는 것이죠. 그런데 대다수 사람들은 하나는 알고 둘은 모릅니다. 세상에는 그 누구도 미래를 정확히 알 수 없습니다. 마찬가지로 내가 가는 길이 성공으로 향할지, 실패로 향할지 100% 알 수 없다는 것이죠. 답이 정해져 있는 수학 공식이나 정해진 법률, 짜고 치는 고스톱이 아닌 이상 세상일은 누구도 미래를 장담할 수 없습니다.

당신은 당신이 정한 길이 얼마만큼의 성공 확률이 있기에 도전하는 것인가요?

1%의 확률 + 그리고 99%의 노력과 인내 = 100%의 성공!

내가 가려는 길에 1%의 가능성이라도 보인다면, 그 길이 내가 진정으로 바라는 목적지로 향하는 길이라면 도전하기를 주저하지 마십시오. 1%의 가능성을 100%로 만드는 방법이 있습니다. 바로 1%의 가능성에 99%의 노력과 인내를 더하면 되는 겁니다.

물론 불확실한 미래에 하루에도 몇 번씩 불안감이 밀려올 수도 있습니다. 그렇게 열심히 준비하고 있는데, 과연 내가 성공할 수 있을까 하는 의문도 찾아올 수 있습니다.

하지만, 꿈을 이룬 대다수 사람들은 단 1%의 가능성만 보여도 포기하지 않습니다. 자신들에게는 99%의 노력과 인내가 있기 때문이죠. 쉽게 얻은 것은 쉽게 잃을 수 있습니다. 하지만 어렵게 노력해 얻은 것은 절대 쉽게 잃지 않습니다.

나의 미래는 1%의 가능성과 99%의 노력과 인내가 만든다는 것을 잊지 마세요! 무엇을 하든 어떤 길로 향하든 도전하는 여러분의 모습은 세상 누구보다 아름답습니다.

내일을 위한 메시지

이야기의 주제와 관련해 나의 이야기를 마음껏 써보세요.
꿈에 한 걸음 더 다가가는 여러분만의 이야기를 만들어 보세요.

돈 많은 백수가 꿈인 청소년이 읽어야 할 이야기!

항구를 떠난 배, 목적지와 방향이 명확하지 않으면?

춤에 대한 열정이 넘치다 보니, 사회인으로서의 첫걸음을 내디딜 때까지 춤에만 몰두했습니다. 그런데 사회에 나가면서 현실의 벽에 부딪히면서, 단순히 춤만 추며 살아갈 수 없다는 것을 깨달았습니다. 이후로 생계를 유지하기 위해 아르바이트 자리를 찾기 시작했습니다. '학창 시절에 조금 더 일찍 진로에 대해 준비했더라면 어땠을까'하는 생각을 해보게 되었습니다.

출항한 배가 목적지 없이 떠났다면 어떻게 될까요? 목적지 없이 떠난 배는 이리저리 파도에 휩쓸리고 결국 높은 파고를 맞아 난파될 가능성이 큽니다. 우리의 인생도 마찬가지입니다. 무엇

돈 많은 백수가 꿈인 청소년이 읽어야 할 이야기!

을 하든 본격적으로 시작하기 전에 명확한 목표가 있어야 하고 그 목표에 맞는 준비가 되어 있어야 합니다.

　명확한 목적지가 있는 배가 안전하게 잘 도착할 수 있듯이 우리가 목표하는 바가 분명하면 그만큼 성공할 가능성도 커집니다. 하지만 '이건 나의 목표야'하는 식으로 말뿐인 목표는 *무용지물입니다. 말뿐인 목표는 언제라도 쉽게 포기할 수 있으며, 발전이 없을 뿐만 아니라 오히려 우리가 한 걸음 더 나아가는 데 방해만 될 뿐입니다. 목표라는 것은 일단 한 걸음이라도 나아갈 때 의미가 있는 겁니다.

목표 ＝ 나의 미래!

　뚜렷한 목표를 가진 사람과 불확실한 목표를 가진 사람은 분명한 차이가 있습니다. 둘 다 목표를 향해 가는 것은 같습니다. 하지만 뚜렷한 목표가 있는 사람은 그곳을 향해 뚜벅뚜벅 **정진해 나가는 반면, 불확실한 목표를 가진 사람은 걷기는 걷되, 제자리걸음만을 하고 있을 뿐입니다.

　즉 똑같이 걸음을 걸어도 사람마다 차이가 나는 것은 바로 명

---

*　　무용지물(無用之物)　**쓸모없는 물건이나 사람.**

**　　정진(精進)　**힘써 나아감.**

1장 내일을 위한 내 일　　　　　　　　　**39**

확한 목표가 있느냐, 그리고 그 목표를 향해 정진하고 있느냐의 유무에서 비롯됩니다. 지금까지 뚜렷한 목표가 없었다면, 지금부터라도! 미래 설계를 위한 목표를 세우고 한 걸음씩 정진하는 사람이 되길 바랍니다.

어차피 똑같은 길을 걸어간다면 미래에 도움이 되는 걸음이 훨씬 낫지 않겠습니까?

그리고 목표는 방향도 중요합니다. 방향에는 우리에게 익숙한 것과 새로운 것이 있을 수 있습니다. 정해진 방향, 익숙한 방향으로 길을 걸으면 길을 잃을 염려도 없고 조금은 쉽게 목적지를 향해 걸어갈 수 있습니다.

하지만 새로운 길은 험난한 여정이 기다리고 있습니다. 어디에 돌부리가 있을지 모를 일이고 도중에 길이 끊겨 있을 수도 있습니다. 심지어 왔던 길을 되돌아와야 할 수도 있죠. 하지만, 새로운 길의 끝에는 다른 사람들이 맛볼 수 없는 커다란 성과가 있습니다. 그래서 힘들더라도, 어렵더라도 새로운 길을 개척하는 사람들이 있는 겁니다.

새로운 길을 가고자 한다면 예측할 수 없는 상황에 대비해 많은 정보를 모아야 하고, 마음가짐을 단단히 해야 합니다. 쉽게 보고 나섰다가는 아까운 시간만 낭비할 수 있으니 말입니다. 철저한 준비는 자신감을 갖게 합니다. 익숙한 길이든, 새로운 길이든 무엇 하나 쉽게 보지 말고, 단기/중기/장기 계획을 세우고 나선다면 어떤 난관도 두렵지 않을 것입니다.

또 사람들은 목적지에 빨리 도착하는 것을 추구하곤 합니다. 준비도 없이, 능력도 키우지 않고 높은 연봉만을 바라고 더 좋은 일자리만을 바라는 사람의 마음 같은 것이죠. 물론 내가 좋아하는 일을 하며, 내가 원하는 만큼의 연봉을 받을 수 있는 일이 가장 이상적일 겁니다. 하지만 현실에서는 능력 없이, 노력 없이 그러한 일은 일어나지 않습니다. 꿈은 꿈일 뿐 처음부터 당장 원하는 것을 얻을 수 없는 것이죠.

무언가를 이루기 위해 우리들은 노력을 해야 하고, 인내하면서 달려나가야 하는데, 어떻게 무작정 모든 걸 이룰 수 있겠습니까?

첫술에 배부를 수 없고, 급한 마음은 일을 그르치기 마련입니다. 목적지를 향해 나아가더라도 우선은 단계를 밟아나가는 것이 중요합니다. 낮은 곳에서부터 배워야 한다는 말입니다.

꿋꿋하게 하나둘 배워나가다 보면, 언젠가는 목적지가 눈앞에 펼쳐져 있을 것입니다. 한여름 태양의 뜨거운 열기를 품은 과실이 더욱 달콤하듯, 목적지에 이르기까지의 과정이 단단했으면 내가 누리는 성공의 행복은 더욱 빛날 겁니다. 그리고 어렵게 얻은 것은 쉽게 잃을 수 없는 것이 세상 이치입니다.

오늘 하루가 힘들더라도 주저앉지 마십시오. 잠시 쉬어갈 순 있어도 여기서 멈출 수는 없습니다. 목적지가 분명하고 방향을 정했다면, 이제는 끝까지 가보는 일만 남았습니다.

내일을 위한 메시지

이야기의 주제와 관련해 나의 이야기를 마음껏 써보세요.
꿈에 한 걸음 더 다가가는 여러분만의 이야기를 만들어 보세요.

_____

_____

_____

_____

_____

_____

돈 많은 백수가 꿈인 청소년이 읽어야 할 이야기!

도전하는 사람들을 위해
내가 할 수 있는 일

저는 무엇 하나 제대로 된 정보를 얻기 힘든 시절을 겪어왔습니다. 되돌아보면 제가 이룬 성과는 정말로 갖은 노력 끝에 얻은 것입니다. 하지만 저는 후배들에게 저의 어려웠던 경험을 전달하기보다는, 더 나은 길과 방향을 제시하는 선배의 길을 걷고 싶었습니다.

세상은 혼자서만 살아가는 게 아닙니다. 내가 목표한 꿈을 이뤘다고 그게 끝이 아니라는 말이죠. 꿈을 위해 달려왔던 시간을 돌이켜 보면, 나도 누군가의 도움을 많이 받았을 테고 누군가가 걸었던 길을 지도 삼아 목적지로 향했을 겁니다. 물론 타인의 도움만으로 목표한 것을 이룬 것은 아닐 테죠. *인고의 시간과 노력이 있었기에 그곳에 도달할 수 있었던 겁니다.

내가 누군가의 도움으로, 누군가가 만들어 놓은 지도를 참고하며 목적지로 향했듯, 여러분도 누군가의 길잡이가 되어줄 수 있는 그런 선한 영향력을 발휘하는 사람이 되었으면 합니다.

보다 나은 지도를 후배들을 위해 남겨라!

목적지로 향하는 길을 안내하는 지도가 없었다면 당신도 언제 어디서든 길을 잃어 헤매고 있었을지도 모를 일입니다. 후배들도 마찬가지입니다. 그들도 노력은 하지만, 방향을 일러주는 지도가 없다면 길을 잃고 헤매거나 목적지에 도착하더라도 돌고 돌아 너무나 많은 시간을 들이며 오게 될 것입니다.

여러분이 목적지에 먼저 **당도한 선배가 되었다면 후배를 위해 최신의 지도를 건넬 줄 아는, 희망을 건네주는 사람이 되었으면 좋겠습니다.

어떤 방법도 상관없습니다. 당신의 노하우를 공유할 인터넷

---

* 인고(忍苦) 괴로움을 참음.
** 당도(當到) 어떤 곳에 다다름.

페이지를 만들어도 좋고 책으로 나의 길을 설명해도 좋습니다.

왜 힘들게 노력해서 얻은 나의 정보를 남에게 알려줘야 하는지 의문이 생길 수도 있습니다. 물론 맞는 말입니다. 고생고생해서 얻은 것을 건네주는 것이 아까울 수도 있습니다.

하지만 아무리 최신의 정보를, 조언을 하더라도 후배들도 당신과 같이 노력을 해야 목적지에 당도할 수 있습니다. 노력 없이 그저 얻어지는 것은 없기 때문이죠. 다만, 당신이 건네는 희망의 메시지는 후배들이 조금 더 안전하게 목적지에 도착할 수 있는 길잡이가 되어줄 것이고, 그런 길잡이를 향해 후배들은 항상 감사의 마음을 품고 있을 겁니다.

또 내가 누군가의 선한 영향력을 받았듯이 나도 후배들에게 희망을 건네면 후배들도 나와 같은 길을 걸을 것입니다.

당신이 가진 정보를 공유하면서 당신은 다시 한번 그 힘든 여정을 되새기고 그것이 초심을 잃지 않는 계기가 되었으면 합니다.

내일을 위한 메시지

이야기의 주제와 관련해 나의 이야기를 마음껏 써보세요.
꿈에 한 걸음 더 다가가는 여러분만의 이야기를 만들어 보세요.

뛰어난 그림도
밑그림부터 시작한다

*핸드 글라이드란 동작을 처음 시도했을 때, 발꿈치를 배에 받치는 위치를 몰라 바닥에 댄 손목을 다치게 되었습니다. 그래서 전략을 바꿔 배를 둥근 삼각형 의자에 대고 몸을 띄우는 연습을 시작했습니다. 처음엔 배가 매우 아팠지만, 매일 연습 시간을 조금씩 늘리며 차근차근 연습했습니다. 당시 정보가 부족했기에 어리석은 방법이라고 생각할 수도 있지만, 이는 제가 독자적으로 개발한 방법으로 저만의 동작을 다듬어 가는 과정이었습니다. 그렇게 밑그림부터 그려나가기 시작한 것이었죠.

---

* 핸드 글라이드 　팔꿈치를 복부에 근접한 부위에 댄 프리즈 상태에서 한 손만의 힘과 균형으로 몸을 지탱하며 원을 그리며 도는 동작.

볼펜으로 그림을 그리면 실수했을 때 고칠 수가 없습니다.
뛰어난 그림도 숙련되기 전까지는 연필과 지우개로
밑그림부터 시작합니다.
여러분도 볼펜이 아닌, 연필과 지우개로 꿈을 그려야 합니다!

기나긴 여러분의 여정을 한 장의 그림이라고 생각해 보십시오. 한 폭의 큰 그림을 그리는 것이 인생이라면 처음부터 볼펜이나 붓펜, 물감 등으로 시작할 순 없습니다. 볼펜이나 붓펜은 한 번 잘못 그리면 지울 수가 없기에 다시 처음부터 그림을 그릴 수밖에 없습니다.

틀린 부분을 손보고 더욱 완성도 높은 그림을 그리기 위해서는 연필과 지우개를 활용해야 합니다. 시간이 얼마가 걸리든 다시 처음으로 돌아가는 것보단 틀린 부분을 지우개로 고쳐가며 그림을 완성하는 것이 현명한 방법입니다.

이제 본격적으로 나의 그림을 그려보자!

자, 우리가 그림을 그리기 위해 준비할 것이 있습니다. 연습장(꿈을 펼칠 장소)과 연필(미래를 향한 도전), 그리고 지우개(실패에 대한 재도전)입니다. 이 세 가지만 제대로 갖추면 우리는 얼마든지 마음껏 꿈을 그릴 수 있습니다.

돈 많은 백수가 꿈인 청소년이 읽어야 할 이야기!

연습장을 펼쳐 그리고자 하는 목표(꿈)를 정하고 첫 시작을 알리는 중심선을 그려나갑니다. 중심선은 반듯해야 합니다. 그러기 위해서는 시간이 오래 걸리고 조심스러울 수밖에 없습니다. 우리는 대부분 그림을 처음 그리는 것이기에 시작이 두려울 수 있고 시간도 꽤 많이 걸릴 수 있습니다. 또 첫 중심선을 그리다 보면 너무 크거나, 너무 작거나, 삐뚤거나 할 수도 있습니다.

조급해하지 마세요. 시간이 오래 걸리더라도 차근히 세상의 많은 정보를 습득해 그리고자 하는 그림에 대한 지식을 쌓아나가면 됩니다. 또 틀리더라도 두려워하지 마세요. 틀리면 지우고 또 틀리면 다시 지우면 그만입니다.

그림을 그리는 사람에 따라 속도의 차이는 있을 순 있습니다. 하지만 포기하지 않고 꾸준히 노력하고 인내하면서 그림 그리기를 반복하다 보면, 우리는 조금 늦더라도 반드시 원하는 그림을 완성할 수 있습니다.

훗날 나의 그림을 보며 웃는 그날까지, 오늘도 여러분의 그리기 작업은 꾸준하게 계속되어야 합니다.

내일을 위한 메시지

이야기의 주제와 관련해 나의 이야기를 마음껏 써보세요.
꿈에 한 걸음 더 다가가는 여러분만의 이야기를 만들어 보세요.

_____

_____

_____

_____

_____

_____

_____

_____

_____

_____

_____

_____

_____

_____

_____

돈 많은 백수가 꿈인 청소년이 읽어야 할 이야기!

시작은 이미 절반이야!
시작했으면 적어도
하나는 완성해 봐야지?

말은 행동으로,
계획은 실천으로!

새로운 동작을 연습할 때마다 '내가 이걸 할 수 있을까?', '이 동작을 마스터하는 데 얼마나 많은 연습이 필요할까?', '이 동작은 위험해 보이는데 다치지 않을까?'하는 생각이 들었습니다. 하지만 일단 행동으로 옮기기 시작하면 이런 걱정들은 사라지고 오히려 즐거움과 할 수 있다는 자신감이 생겨 많은 동작들을 할 수 있게 되었습니다. 두려워하지 마세요. 시작은 곧 성공의 절반입니다.

횡단보도는 파란불에 건너기,

담배는 몸에 매우 해롭다는 사실,

게으름과 나태함이 일상이면 성공할 수 없다는 것…

돈 많은 백수가 꿈인 청소년이 읽어야 할 이야기!

우리는 세상을 살아가며 지켜야 할 것, 하지 말아야 할 것 등 누구나 다 알면서 실천해야 할 것들이 많다는 사실을 알고 있습니다. 그런데 많은 사람들이 알고는 있지만, 실천하는 것은 다른 문제로 여기죠. *지행일치가 되지 않는 겁니다.

만약 당신이 횡단보도에 서 있는데 빨간불이 켜져 있습니다. 도로 양방향에서 차가 한 대도 오지 않습니다. 약속 시간이 촉박한 당신은 이런 상황에서 어떻게 할 것 같나요?

다들 한 번쯤은 횡단보도 신호가 빨간불일 때 차가 오지 않는다면 신호를 무시하고 그냥 건너본 적이 있을 겁니다. '차가 오지 않는데, 굳이 신호를 지킬 필요가 있어?'하는 **안일한 생각이죠. 하지만 이 작은 일에도 아는 것을 지키지 않았을 때 예상치 못한 큰 사고로 이어질 수 있습니다.

담배가 해롭다는 사실은 누구나 알고 있습니다. 또 담배 연기는 나뿐만 아니라, 타인에게도 피해를 줍니다. 이런 사실을 너무나 잘 알고 있지만, 끊는 것을 실천하지는 않습니다.

---

*   지행일치(知行一致)   지식과 행동이 서로 맞음.

**   안일(安逸)   편안하고 한가로움. 또는 편안함만을 누리려는 태도.

아는 것도 물론 중요하지만, 더 중요한 것은 아는 것을 실천하는 것입니다. 담배가 몸에 해롭고 남에게 피해를 준다면 끊는 것이 바람직한 일이겠지요. 담배뿐만이 아닙니다. 지금껏 습관이 된 성공의 길을 가로막는 여러 방해 요소들이 주변에 있다는 것을 여러분은 잘 알고 있을 겁니다.

'이게 맞다', '저게 맞다'라며 말뿐인 사람은 절대 성공할 수 없습니다. '이게 맞다'라는 생각이 들면 지금 당장 실천에 옮겨야 합니다. 차가 없어도 신호를 지키고 담배가 몸에 해롭다는 사실을 알면 금연을 하고 무언가를 이루기 위해 배워야 하는 것을 알면 공부해야 합니다.

시작이 절반이라는 말이 있습니다. 절반의 성공을 채우는 건 의외로 간단합니다. 지금 바로 실천하는 것입니다.

그런데 만약 그 실천의 목표가 나의 꿈이라면 계획부터 세워야 합니다. 무작정 실천만 해서는 꿈에 다다를 수 없습니다. 평소에 앞으로 '무엇을 하겠다', '무엇이 되겠다'고 생각만 했다면 이제는 실천에 앞서 계획을 세워보세요. 계획은 목표의 단계에 따라 단기 계획, 중/장기 계획으로 나눌 수 있습니다.

일단 내가 진정으로 하고 싶은 일을 하기 위해 단계적으로 무엇부터 시작해야 할지 탐색하고, 그걸 하나둘 이루기 위한 단기 계획을 실천해 나가야 합니다. 단기 계획이 짧은 목표라면 중/장기 계획은 좀 더 길게 내다봐야 할 목표입니다.

가령 소설가가 꿈인 사람이라면, 단기적으로 많은 책을 봐야 합니다. 독서를 하면서 다른 사람의 경험과 생각을 읽는 습관을 들여야 나의 글도 쓸 수 있는 것이죠. 그리고 중/장기적으로는 나의 책을 출판한다든지, *신춘문예에 도전한다든지 하는 계획을 세워 하나하나 실천에 옮겨야 합니다.

계획을 하되, 철저하고 체계적으로 하세요!
그러한 계획은 여러분의 꿈에 한 걸음 더 다가서는
원동력이 됩니다.

계획은 생각보다 큰 힘을 발휘합니다. 그리고 힘이 있는 계획이 되기 위해서는 체계적이고 철저해야 합니다. 예를 들어 등산을 한다고 생각해 봅시다. 산 정상으로 가려면 무엇을 준비해야 할까요? 지도, 등산화, 등산복, 물, 적당한 간식 등 필요한 것이

---

*   신춘문예   매해 초 신문사에서 주로 신인 작가를 발굴할 목적으로 벌이는 문예 경연 대회.

의외로 많습니다.

준비물을 다 챙겼더라도 다시 한번 확인해야 합니다. 누가 알 겠습니까? 등산을 하고 있는데 비바람이 몰아칠 수도 있고, 길을 잃을 수도 있습니다. 이러한 상황까지 다 생각해서 물품을 준비했다면 급작스러운 상황이 와도 당황하지 않고 문제를 해결할 수 있습니다.

그리고 꿈을 위해 계획에 따라 무언가를 배우고 있다면 반드시 아는 것도 점검하는 습관을 들여야 합니다. 오늘 중요한 정보를 배우고 지식을 습득했다면, 그것으로 끝내서는 안 됩니다. 복습하고 또 복습해서 완전히 내 것으로 만들어야 진정으로 아는 것이 됩니다.

벼는 익을수록 고개를 숙인다고 하죠? 아는 것이 많을수록 겸손해져야 한다는 의미입니다. 그런 겸손함의 자세를 *견지하면 여러분은 훗날 더 멋진 사람으로 거듭날 수 있을 겁니다.

여러분이 반드시 기억해야 할 것은 '말은 행동으로, 계획은 실천으로 완성된다'는 점입니다. 지행일치가 되는 사람이 성공하는 것은 불변의 진리입니다. 오늘부터 작은 것이라도 말과 행동

---

*   견지(堅持)   어떤 견해나 입장 따위를 굳게 지니거나 지킴.

                          돈 많은 백수가 꿈인 청소년이 읽어야 할 이야기!

이 함께하는 사람이 되어봅시다!

내일을 위한 메시지

이야기의 주제와 관련해 나의 이야기를 마음껏 써보세요.
꿈에 한 걸음 더 다가가는 여러분만의 이야기를 만들어 보세요.

꼭 1등을 해야 성공한 삶일까?

　사람은 누구나 1등을 하고 싶어 합니다. 우리 반에서 누가 중간고사에서 1등을 했는지, 올림픽 주요 종목에서 누가 금메달을 획득했는지, 회사에서 누가 실적 1위를 달성했는지 등 주변을 보면 거의 모든 분야에서 1등만을 기억하고 알아주는 것 같습니다. 그래서 사람은 1등을 하고 싶어 하고 1등을 한 사람을 부러워하기도 합니다.

　그렇다면 여러분은 지난 중간고사에서 2등은 누가 했고, 3등은 누가 했는지 정확히 기억하나요? 기억할 수도 있고 그렇지 않을 수도 있을 겁니다. 그래도 1등은 누가 했는지 기억하고 있을 테죠.

1등만을 기억하는 세상,
나는 아무도 기억해 주지 않나요?

1등을 해야만 그 분야에서 성공하는 것이라면 1등 이외의 사람들은 다 쓸모없는 것일까요? 절대 아닙니다! 우리는 1등을 향해 달려나가고 있지만, 지금 당장 1등일 필요는 없습니다. 2등이어도 괜찮고 100등이어도 괜찮습니다. 1등도 2등이 있어야, 3등이 있어야, 100등이 있어야 가치가 있는 겁니다. 혼자서 1등을 해봤자 그것이야말로 아무 소용이 없는 것이죠.

그리고 1등은 영원할 수 없습니다. 오히려 1등이 자신에게는 경쟁자가 없다는 생각에 *나태해질 수도 있습니다.

지금 나의 등수에 너무 연연하지 마세요. 2등이든 100등이든, 내일은 오늘과는 다를 것이라는 점에 더 의미를 둬야 합니다. 그러기 위해서는 1등을 바라보고 내 앞에 있는 경쟁자를 앞지르기 위해 오늘도 내일도 실력을 쌓아나가는 노력을 해야 합니다.

누군가 당신보다 위에 있다는 것은 감사한 일입니다. 그 사람들이 있기에 당신은 더 노력하는 삶을 살 수 있기 때문이죠.

---

* 　나태(懶怠)　행동, 성격 따위가 느리고 게으름.

 　　　　　　　　　돈 많은 백수가 꿈인 청소년이 읽어야 할 이야기!

언젠가 당신이 1등을 하는 날, 기억해야 할 것이 있습니다. 그것은 바로 *초심입니다. 1등이 되기 위해 당신은 흘린 땀과 노력을 반드시 기억하고 절대 **자만해서는 안 됩니다. 어떤 높은 자리든 겸손해야 그 자리를 유지할 수 있는 법입니다.

오늘도 1등을 향해 달리는 여러분을 응원합니다.

내일을 위한 메시지

이야기의 주제와 관련해 나의 이야기를 마음껏 써보세요.
꿈에 한 걸음 더 다가가는 여러분만의 이야기를 만들어 보세요.

---

*   초심(初心)   처음으로 깨달음을 구하려고 하는 마음. 처음으로 깨달음의 경지에 이르려고 하는 마음.

**   자만(自慢)   자신이나 자신과 관련 있는 것을 스스로 자랑하며 뽐냄.

돈 많은 백수가 꿈인 청소년이 읽어야 할 이야기!

우리는 무엇을 위해
살아야 하나?

돌이켜 보면, 학창 시절 저에게는 분명한 꿈이 없었습니다. 춤을 추는 것이 단순히 즐거웠기 때문입니다. 아무 생각 없이, 그저 춤추는 것만으로도 행복했죠. 그렇게 시간을 보내면서 좋아하는 것들이 점차 쌓여 제 인생의 꿈이 되었고, 나중에는 직업이 되어 저를 표현하는 하나의 방식이 되었습니다.

강의를 할 때 학생들에게 항상 하는 질문이 바로 '꿈이 무엇이냐'하는 겁니다. 학생들 하나둘 자기소개를 하고 꿈에 대해 이야기하다 보면 의외로 돈 많은 백수가 꿈인 학생들이 많습니다. 그렇지 않으면 아직 꿈을 정하지 못한 학생이 대다수입니다.

돈 버는 것이 꿈이라면,
당신은 진정한 꿈을 꾸고
있는 게 아닙니다!

실제로 많은 사람들이 부를 얻기 위해 돈 잘 버는 직업을 꿈꾸곤 합니다. 물론 돈을 많이 벌기 위해 열심히 준비하는 것이 하나의 원동력이 될 수 있으니, 그리 나쁘게만 볼 것도 아닙니다. 하지만, 돈을 좇는 삶을 살다 보면, 생각보다 돈을 벌 수 없는 상황에 쉽게 지치고 쉽게 무너질 수 있습니다.

'나는 나중에 내가 원하는 꿈을 이뤄 돈을 벌 거야'라는 생각은 좋지만, 그저 돈을 벌기 위해 좋아하지도 않는 일을 하는 것은 우리 인생에 불행이 아닐 수 없습니다. 그런 생각을 가지고 있다면 당장! 꿈을 바꿔야 합니다.

돈을 많이 벌고 싶다는 꿈은
결코 꿈이 될 수 없습니다!

세상에 돈처럼 이상한 것도 없습니다. 돈을 많이 벌면 기쁘지만, 그 기쁨은 오래가지 못합니다. 돈을 벌어들인 만큼 또 쓸 수밖에 없기에 줄어드는 돈을 보면 기쁠 수가 없겠지요. 또 돈 때문에 친구 사이가 멀어지기도 하고, 돈 때문에 가족이 *불구대천의 원수가 되기도 합니다. 돈은 이렇게 어디에서든 싸움의 씨앗이 되곤 합니다.

우리가 꿈꾸는 것은 절대 돈으로 살 수 없고, 돈을 버는 것이 내 삶의 목적이 되어서도 안 됩니다. 혹여 꿈을 돈으로 살 수 있다고 하더라도 절대 사서는 안 됩니다. 돈은 좇아가면 좇아갈수록 멀어지기 마련입니다. 오히려 꿈을 좇고 인간관계를 좇아야 돈이 저절로 들어오게 됩니다.

물질적인 것에 목적을 두지 말고 진정 내가 하고 싶은 것에 목적을 둬야 제대로 사는 것입니다. 무엇이 제대로 사는 것인지는 사람마다 각자의 생각이 있습니다. 하지만 대부분 돈이 제대로 된 삶을 살게 한다고 강조하지는 않을 겁니다.

여러분은 꿈을 꾸고 꿈을 키우고 꿈을 실현시켜 나가야 하는 사람들입니다. 그런 사람일수록 돈보다 더 높은 가치가 있다는 것을 알아야 하고 그것을 스스로 증명해 나가는 사람이 되어야 자신의 꿈에 진정성 있는 사람입니다.

---

* 　불구대천(不俱戴天)　하늘을 함께 이지 못한다는 뜻으로, 이 세상에서 같이 살 수 없을 만큼 큰 원한을 가짐을 비유적으로 이르는 말.

사실 세상은 돈을 추구하는 사람이 많다는 게 엄연한 현실이기는 합니다. 하지만, 그렇게 많은 사람들이 돈을 바라면서도, 바라는 만큼 돈을 버는 경우가 얼마나 될까요? 열에 하나도 되지 않을 겁니다.

그들이 원하는 만큼의 돈을 벌지 못하는 것은 진정한 가치에 눈을 뜨지 못하고 오직 돈만 바라보고 돈만을 최고의 가치로 여기고 있기 때문입니다.

앞에서도 강조했듯이 돈보다는 자신이 진정으로 하고 싶은 것에 더 큰 가치를 두세요. 그 가치를 좇다 보면 굳이 좇아가지 않아도 돈이 여러분을 찾아오게 될 것입니다.

세상에는 돈보다 소중한 가치가 더 많다는 걸 여러분도 깨달았으면 좋겠습니다.

내일을 위한 메시지

이야기의 주제와 관련해 나의 이야기를 마음껏 써보세요.
꿈에 한 걸음 더 다가가는 여러분만의 이야기를 만들어 보세요.

무작정 도전하는 거보다
관련 정보를 모아
좀 더 효율성 있게
전진해 봐^^~

돈 많은 백수가 꿈인 청소년이 읽어야 할 이야기!

책 속에 담긴 지혜가
내일을 만든다

TV에서 방영된 비보이 동작들을 녹화해 되감아 보며 연습했던 그 시절을 기억합니다. 정보가 널리 퍼져 있지 않았고 비보이에 관한 책조차 없었던 때였죠. 효과적이고 안전한 연습 방법을 알기 어려워 기술 하나를 익히는 데에도 시간이 많이 걸렸으며, 넘어지고 다치는 것이 일상이었습니다. 그런데 지금은 검색 한 번으로 필요한 모든 정보를 체계적으로 배울 수 있는 시대가 되었습니다. 제가 추구하는 길에 대한 정보와 관련된 책을 통해 더 쉽고 나은 방향으로 배울 수 있는 기회가 많아졌습니다.

"사람은 책을 만들고,
책은 사람을 만든다."

　서울 광화문 교보문고 앞에 가면 볼 수 있는 큰 바위에 새겨진 너무나 유명한 문구입니다.

　책은 사람이 세상을 살며 남기는 의미 있는 흔적입니다. 책을 쓴 사람의 흔적 하나가 누군가에게는 커다란 의미로 다가갈 수도 있죠. 그래서 우리는 책을 쓰는 것이고, 또 책을 읽는 것입니다.

　어른들은 항상 책을 많이 읽어야 똑똑한 사람이 된다고들 말합니다. 틀린 말은 아닙니다. 책은 다양한 지식과 정보를 담은 보물창고이고 무언가를 공부하기 위한 기본 자료가 되기 때문이죠. 하지만 이것보다 더 중요한 책의 가치가 있습니다.

　바로 내가 경험하지 못한 세계를 책을 통해 경험할 수 있다는 겁니다.

　그래서 책에는 유독 비유가 많습니다. 비유를 통해 내가 직접 경험하지 않아도 마치 직접 경험한 듯한 느낌을 줍니다. 단순히 무언가를 설명하고 나열하는 글은 지겹기 마련입니다. 다양한 예시가 있고 내가 흥미를 가질 수 있는 스토리가 있고 또 적절한 비유가 있다면 직접 자신이 그 일을 체험하지 않았어도 책을 통해 많은 것을 얻을 수 있습니다.

세상에는 생각보다 내가 경험하지 못하는 일이 너무나 많습니다. 그런 것을 모두 경험하기에는 물리적인 시간과 금전이 부족할 수밖에 없습니다.

어른들의 말씀처럼 똑똑한 사람이 되고 싶다면!

더 넓은 세계를 직접 경험하지 않아도 생생하게 알고 싶다면!

지금 당장 자신이 관심 있는 분야의 책을 펼치기 바랍니다. 책 읽는 것도 습관입니다. 그것도 매우 아름답고 매우 가치 있는 습관입니다. 책 속의 다양한 이야기와 경험들이 내 가슴속에 스며들 때까지 책을 손에서 놓지 마십시오!

내일을 위한 메시지

이야기의 주제와 관련해 나의 이야기를 마음껏 써보세요.
꿈에 한 걸음 더 다가가는 여러분만의 이야기를 만들어 보세요.

한 번쯤은 들어봤을
인생의 격언

"시도하지 않으면 아무것도 얻을 수 없다."

처음에는 물구나무서기 동작이 가능할지 의심스럽고, 뒤로 넘어질까 봐 두려웠습니다. 두려움이 내 마음을 지배했지만, 기초부터 차근차근 시작하여, 매일 꾸준히 노력하며 땀을 흘린 결과, 결국엔 제자리에서 몇 분간 물구나무를 유지할 수 있는 능력을 갖추게 되었습니다. 두려움을 넘어 행동으로 옮기는 순간, 자신이 한 단계 성장한 것을 경험할 수 있습니다.

"하나가 두 개가 되고, 두 개가 네 개가 된다."

홍보 활동을 위해 여러 기관과 업체에 연락을 시도했을 때 대부분 부정적인 반응을 보였지만, 긍정적인 반응을 보인 몇몇에 집중하여 노력을 계속하니, 그 관계들이 확장되어 결과적으로 더 많은 긍정적 연결고리를 만들어 내는 '마법 같은 효과'를 경험할 수 있었습니다. 실패를 경험하더라도 포기하지 말고 계속 문을 두드리면 결국 즐거운 일들이 생길 것이라는 걸 믿으세요.

인생은 마라톤이다

"인생은 마라톤이다."라는 말은 누구나 들어봤을 *격언일 겁니다. 왜 인생을 마라톤으로 비유할까요? 마라톤은 출발지에서 정해진 지점까지 완주하는 경기입니다. 출발지는 우리가 이루려는 꿈을 향해 달릴 준비를 하는 곳과 같은 의미이고 완주지점은 우리가 원하는 그 꿈을 이뤘을 때의 목적지와도 같습니다.

마라톤을 완주하기 위해 우리는 무엇을 해야 할까요? 그냥 무작정 달리기만 하면 목적한 곳에 도달할 수 있을까요?

달려본 사람은 알 겁니다. 마라톤을 완주하기 위해서는 얼마나 많은 연습과 노력을 해야 하는지를. 준비 없이 마라톤에 나섰

---

*   격언(格言)   오랜 역사적 생활 체험을 통하여 이루어진 인생에 대한 교훈이나 경계 따위를 간결하게 표현한 짧은 글.

다가는 완주는커녕 도중에 포기하는 경우가 다반사입니다. 이것 역시 인생과 흡사합니다. 아무런 준비 없이 꿈을 향해 달린다면 꿈을 이루기도 전에 주저앉아 버릴 겁니다.

마라톤 완주를 위해 체력을 키우고 밸런스를 조절하며 꾸준한 연습을 하듯, 우리도 꿈을 위해 정보를 수집하고 모르는 것을 공부하며, 인내하면서 미래를 그려나가야 합니다.

인생은 엘리베이터다

엘리베이터는 오르고 내리며 우리를 안전하게 원하는 위치에 도달하게 합니다. 엘리베이터의 오르락내리락하는 모습이 마치 우리네 인생사와 비슷해 인생을 엘리베이터와 비유하곤 하는 것이죠.

다만 인생은 엘리베이터처럼 버튼만 누른다고 쉽게 올라가지는 않습니다. 당신은 몇 층까지 올라가고 싶은가요? 남들보다 1층 더 높이 올라가려면 엘리베이터는 몇 초면 가능하지만, 우리는 꿈이 크면 클수록 더 많은 시간이 걸립니다.

엘리베이터도 원하는 곳으로 올라가는 도중에 사람들이 타고 내리다 보면 시간이 더 걸릴 수도 있겠죠. 우리의 꿈 역시 오르는 중 맞닥뜨릴 수 있는 여러 변수가 있어 그런 장애물을 걷어내는 시간이 필요합니다.

하지만 내려올 때는 엘리베이터와 인생은 너무나 다릅니다. 엘리베이터는 천천히 정해진 시간으로 내려오지만, 인생은 미끄럼틀같이 한순간에 내려올 수도 있기 때문이죠.

인생은 미끄럼틀이다

매우 안타까운 말입니다. 오를 때는 정말 힘겹게 올랐지만, 내려올 때는 순식간이라는 말이니 안타까울 수밖에 없죠. 미끄럼틀은 신나게 내려오기 위해 올라가는 놀이기구입니다. 하지만 우리 인생은 실패하는 순간 바닥을 치게 됩니다.

오랜 기간 공든 탑도 한순간의 실수로 무너질 수 있습니다. 하지만 오르막길이 있으면 내리막길도 있는 것이 인생입니다. 열심히 쌓아 올린 탑을 잘 지키는 것도 중요하지만, 어쩌다 실수로 탑이 무너졌다면 다시 탑을 쌓는 용기와 도전정신도 절실합니다.

인생은 등산이다

등산을 할 때 가장 중요한 점은 준비를 철저히 해야 한다는 겁니다. 등산복을 입고, 배낭을 둘러메고, 등산화를 신고 산에 오르는 것이 일반적입니다. 만약 아무런 준비 없이 실내화를 신고 산에 올랐다가는 몇 걸음 옮기지도 못하고 중도에 등산을 포기하게 됩니다.

또 산에서는 예측할 수 없는 일이 정말 많이 발생합니다. 갑자기 비바람이 몰아칠 수도 있고, 기온이 급격히 떨어져 감기에 걸릴 수도 있습니다. 또 길을 잃어 *조난을 당할 수도 있죠. 이런 모든 걸 대비하면서 등산 준비를 해야 합니다.

우리 인생도 비슷합니다. 꿈은 있지만 아무런 준비도 계획도 없다면 등산에서처럼 정상에 오를 수 없습니다. 오직 철저히 준비한 사람만이 정상에 올라 속 시원하게 "야호~"를 외치고, 아름다운 메아리를 들을 수 있습니다.

인생은 요리와 같다

인생을 왜 요리에 비유하는 것일까요? 바로 맛 때문입니다. 아무리 몸에 좋고 먹음직스러운 음식이라도 한입 먹었을 때 맛이 없다면 더 이상 수저를 들 수 없습니다.

가령 라면을 끓인다고 가정하면, 우선 적당량을 물을 받아 끓이는 것이 중요합니다. 그런데 물이 생각보다 적거나 많다면 어떡할까요? 거기다가 물이 끓지도 않았는데, 면을 넣고 다 되었다

---

*   조난(遭難)   항해나 등산 따위를 하는 도중에 재난을 만남.

                              돈 많은 백수가 꿈인 청소년이 읽어야 할 이야기!

고 식탁에 올려놓으면 누가 내가 만든 라면을 먹을 수 있을까요?

요리에서도 인생을 배울 수 있습니다. 적당량의 물을 넣고 물이 끓을 때까지 참고 기다리는 인내, 그리고 음식을 더 맛있게 만드는 정보와 퍼지지 않게 골고루 저어주는 노력이 있어야 맛있는 요리(라면)가 완성됩니다.

우리의 꿈도 그와 같은 정보, 인내, 그리고 노력이 있어야 하지 않을까요?

인생은 낚시와 같다

낚시를 하는 사람은 무엇을 느낄 수 있을까요? 낚시는 낚싯바늘에 미끼를 걸고 고기를 낚습니다. 고기가 미끼를 물고 낚싯대를 끌어 올릴 때의 쾌감과 성취감은 이루 말로 표현할 수 없을 정도라고 합니다.

낚시의 *미덕은 아무래도 인내와 기다림이라고 할 수 있습니다. 한 마리의 고기를 낚기 위해 적게는 몇 분에서 길게는 몇 시간을 기다려야 합니다. 낚싯대를 물속에 던져놓고 잔잔한 물이, 물결칠 때까지 그 순간만을 낚시꾼들은 기다리는 것이죠.

---

*   미덕(美德) **아름답고 갸륵한 덕행.**

우리는 낚시를 통해 인내와 기다림의 미덕을 배워야 합니다. 인내와 기다림 없이 그저 얻는 것은 없습니다.

낚시는 고기를 낚는 것이 아니라 세월을 낚는 것이라고 합니다. 그만큼 무언가를 얻기 위해서는 시간이 필요한 것이라는 의미겠지요. 너무 급히 서두를 것 없습니다. 열심히 노력하며 인내하고 기다리다 보면 좋은 날이 반드시 찾아올 것입니다.

인생은 퍼즐과도 같다

퍼즐 중에서도 직소 퍼즐이 마치 우리네 인생과 같다고 생각됩니다. 직소 퍼즐이란 불규칙한 모양의 조각으로 나누어진 그림을 원래의 형태로 맞추는 퍼즐입니다. 인생이나 직소 퍼즐이나 결국 일정한 형태를 갖춘 결과가 나오기 마련입니다.

직소 퍼즐은 작은 퍼즐 조각들로부터 시작됩니다. 마치 우리들의 첫 출발과 같이 말이죠. 시작점부터 하나하나 만들어 가다 보면 처음에는 어떻게 맞춰야 하나 고민도 되고 시간도 오래 걸리지만, 첫 시작의 어려움을 극복하고 지혜롭게 하나하나 맞춰 나가다 보면 어느새 퍼즐 조각은 완성됩니다.

우리들의 인생도 직소 퍼즐과 같습니다. 시간을 정하고 만들

돈 많은 백수가 꿈인 청소년이 읽어야 할 이야기!

기보단 충분한 여유와 시간을 두고 차근히 도전하면 당신이 그리던 미래가 완성된 형태로 눈앞에 펼쳐질 것입니다.

내일을 위한 메시지

이야기의 주제와 관련해 나의 이야기를 마음껏 써보세요.
꿈에 한 걸음 더 다가가는 여러분만의 이야기를 만들어 보세요.

돈 많은 백수가 꿈인 청소년이 읽어야 할 이야기!

더 넓은 세상을 경험하면
더 많은 선택지가 펼쳐진다

TV에서 종종 보던 화려한 댄스 기술들은 제게 전부인 줄 알았습니다. 그러나 다른 지역의 댄서들과 *교류할 기회가 생겼을 때 그들 앞에서 펼쳐진, 전에 보지 못한 새로운 동작들을 목격하고 큰 충격을 받았습니다. 그 경험은 제가 얼마나 좁은 세계에 머물고 있었는지를 깨닫게 해주었고 제 한계를 확장할 계기를 마련해 주었습니다.

학교와 학원, 집, 친구들과 노는 몇몇 장소 외에 여러분의 일상은 비슷한 장소에서 대부분 반복됩니다. 항상 가는 곳 외엔 크게

---

*   교류(交流)   문화나 사상 따위가 서로 통함.

벗어나는 곳은 없다는 말이죠. 이렇게 매일매일 우리가 생활하는 곳은 좁은 문을 의미합니다. 매일매일 좁은 곳에 갇혀 지내다 보면 경험하고 배우고 발전하는 데 한계가 있을 수밖에 없습니다.

하지만 더 넓은 문(세상)을 열고 나아간다면 어떤 일이 벌어질까요? 그간 내게 주어진 한계를 넘어 무궁무진한 알 수 없는 일들이 끝없이 펼쳐질 것입니다.

세상은 넓고 할 일은 많습니다. 여러분의 꿈의 크기를 지금 생활하고 있는 곳의 좁은 문으로만 통과하는 것에 만족하지 말고 더 큰 문으로 당당히 나서 꿈의 크기를 키워야 합니다.

당신은 더 넓은 세상에서
더 다양한 정보를 얻으며
꿈을 키워나가야 합니다.

군이 내가 생활하는 곳을 떠나야 큰 세상의 문을 두드릴 수 있는 것도 아닙니다. 요즘에는 인터넷을 통해서도 정말 다양한 정보와 양질의 정보가 넘쳐납니다. 키보드와 마우스만으로도 지금껏 경험해 보지 못한 세상을 알아갈 수 있고 그곳에서 새로운 사람들과 만나 다양한 정보를 얻을 수도 있습니다.

항상 유튜브나 인스타그램에서 내게 즐거운 것들만 찾던 습관에서 벗어나, 내가 꿈꾸고 목표하는 것들을 검색하면서 새로운 세상을 만나보세요.

당신은 이제 우물 안 개구리가 아닌, *망망대해를 헤엄치며 자유자재로 어디든 갈 수 있는 든든한 배가 되어야 합니다. 당장 원하는 걸 얻었다고 **안주하는 삶이 아니라, 더 넓은 세상에서 새로운 것을 원하고 더 다양한 것을 원해야 발전할 수 있습니다.

우리의 꿈과 미래는 단순히 부와 명예를 얻고자 하는 것이 아닙니다. 부와 명예는 좇으면 좇을수록 멀어질 뿐입니다.

진정 목표하는 것을 이루고 싶다면 지금 당장 더 넓은 세상이 있는 큰 문을 두드려 보세요. 문이 열리고 한 발 내딛는 순간, 여러분의 인생에는 더 많은 선택지가 주어질 것입니다. 그 속에서 더 큰 꿈을 이뤄나가길 바랍니다.

---

* 망망대해(茫茫大海) 한없이 크고 넓은 바다.
** 안주(安住) 한곳에 자리를 잡고 편안히 삶.

내일을 위한 메시지

이야기의 주제와 관련해 나의 이야기를 마음껏 써보세요.
꿈에 한 걸음 더 다가가는 여러분만의 이야기를 만들어 보세요.

돈 많은 백수가 꿈인 청소년이 읽어야 할 이야기!

내일을 위한
피, 땀, 눈물

돈 많은 백수가 꿈인 청소년이 읽어야 할 이야기!

성공이라는 종착점,
어떻게 도달할 수 있을까?

*헤드스핀 노핸드 기술을 완성하기 위해 제가 얼마나 많은 시간을 꾸준히 연습에 투자했는지 이야기하고 싶습니다. 매일매일의 연습은 영상으로 담아 저의 성장을 명확히 확인했습니다. '이 방법을 사용하면 중심을 더 잘 잡을 수 있지 않을까?' 또는 '이렇게 하면 회전수를 늘릴 수 있지 않을까?'하는 생각들을 하며 끊임없이 접근방식을 조정했습니다. 마침내 하나의 기술이 완성된 것처럼 느껴졌을 때, 저는 종착점에 도달한 것 같았습니다. 하지만 그것이 끝이 아니었습니다. 더 많이, 더 오래 돌고 싶은 욕구와 노핸드 기술의 다양한 변형을 연습하고 싶다는 새로운 목표가 생겼기 때문입니다.

---

*   헤드스핀   머리를 바닥에 대고 균형을 잡은 상태에서 원을 그리며 도는 동작.

성공이라는 목표는 멀고 험난한 여정의 종착점입니다. 우리 모두가 성공을 향한 길을 걷고 있지만, 그 길을 어떻게 걸을지는 우리 각자에게 달려 있는 것이죠.

그렇다면 우리는 성공이라는 종착점에 어떻게 도달할 수 있을까요?

아이가 처음 걸음마를 배우는 과정을 떠올려 보세요. 아이는 부모의 도움을 받아 일어서려 하지만, 진정으로 걷기 시작하는 것은 스스로의 힘으로 가능합니다.

당신이 꿈꾸는 성공에 이르는 *여정도 마찬가지입니다. 처음에는 부모님, 선생님, 친구들로부터 많은 도움을 받게 됩니다. 이는 마치 아이가 부모의 손을 잡고 첫발을 내딛는 것과 같습니다. 하지만 진정한 성공을 위해서는 여러분 스스로가 이끄는 힘이 필요합니다.

미국의 전설적인 농구 선수 마이클 조던의 이야기는 우리에게 많은 교훈을 줍니다. 마이클 조던은 어린 시절 자신의 키가 다른 선수들보다 작다는 이유로 학교 농구팀에서 탈락한 적이 있습니

---

* 여정(旅程) 여행의 과정이나 일정.

돈 많은 백수가 꿈인 청소년이 읽어야 할 이야기!

다. 하지만 그는 이 실패를 극복하고 끊임없이 연습해서 결국 세계 최고의 농구 선수 중 한 명이 되었습니다.

마이클 조던은 "나는 내 경력 동안 9,000개 이상의 슛을 놓쳤고 거의 300게임에서 패배했다. 26번은 결정적인 슛을 맡았으나 실패했다. 나는 계속해서 실패했기 때문에 성공할 수 있었다."라고 말했습니다. 그의 이야기에서 우리는 도전과 실패를 극복하는 힘의 중요성을 배울 수 있습니다.

넘어지면?

일어서라!

또 넘어지면?

또다시 일어서라!

성공으로 가는 길은 실패를 통해 배우고 그 경험을 통해 성장하게 됩니다. 실패는 누구나 맞이할 수 있으며, 중요한 것은 그 실패로부터 어떻게 일어나는가입니다. 실패를 경험한 후에도 계속해서 노력하고 자신의 한계를 뛰어넘어 성장하는 것이 진정한 성공을 향한 길인 것이죠.

성공에 이르기 위해서는 여러 번 넘어지더라도 반드시 일어서야 합니다. 이 과정에서 중요한 것은 당신이 얼마나 흔들리지 않고 꾸준히 노력하는가입니다. 마치 비바람에도 쓰러지지 않고 꿋꿋이 자라는 나무처럼, 여러분도 꿈과 희망을 향한 발걸음을 멈추지 마십시오. 우리는 우리의 삶, 우리의 미래, 우리의 내일에 주인공이 되어야 합니다. 진정한 주인공이 되어 미래를 향한 여정을 이끌어 가야 합니다.

비록 가는 길이 험난해서 넘어지고 또 넘어지더라도, 다시 일어나 성공이라는 종착점을 향해 가십시오.

내일을 위한 메시지

이야기의 주제와 관련해 나의 이야기를 마음껏 써보세요.
꿈에 한 걸음 더 다가가는 여러분만의 이야기를 만들어 보세요.

성공의 지름길?
그건 바로 그 분야로
성공한 전문가의 발자취를
따라가 보는 거야!

성공을 위한 지름길, 성공한 사람의 발자취

TV에서 보았던 화려한 비보이 동작들을 녹화해서 반복해서 보고 연습했던 기억이 납니다. 그 시절에는 정보가 제한적이어서 비보이에 관한 책이나 자료가 거의 없었습니다. 연습 방법을 알아내기 어렵고 기술 하나를 익히는 데 오랜 시간이 걸리는 건 물론, 자주 넘어지고 다치기도 했습니다. 그러나 요즘은 인터넷 검색만으로도 필요한 모든 정보를 체계적으로 배울 수 있는 시대입니다. 내가 추구하는 길에 대한 정보를 쉽게 얻을 수 있고 더 나은 방향으로 학습할 수 있습니다.

우리들은 자신만의 꿈을 가지고 매일을 살아갑니다. 꿈을 이루기 위해 열심히 노력하고 때로는 실패에 좌절하기도 하지요. 하지만 그 꿈에 좀 더 빠르고 확실하게 다가갈 수 있는 방법이 있다면 어떨까요?

> "내가 가는 길, 처음이 아니라면
> 누군가가 먼저 그 길을 지나갔다."

이미 성공한 이들의 길을 따라가 보는 것, 이것이 바로 그 답입니다. 성공한 사람들은 각자의 분야에서 어떻게 어려움을 극복하고 무엇을 배워나갔는지 그 발자취를 남겼습니다. 이를 통해 우리는 성공으로 가는 지름길을 발견할 수 있는 것이죠.

예를 들어, 미국의 유명한 발명가 토머스 에디슨은 수천 번의 실험 끝에 전구를 발명했습니다. 그는 "나는 실패한 적이 없다. 단지 1만 가지가 효과가 없다는 것을 발견했을 뿐"이라고 말했습니다. 에디슨의 이러한 접근방식에서 우리는 실패를 두려워하지 않고 도전을 계속하는 법을 배울 수 있습니다.

또 다른 사례로는 조앤 롤링이 있습니다. 그녀는 《해리 포터》 시리즈로 세계적인 작가가 되기 전에 많은 출판사로부터 거절을 받았습니다. 하지만 포기하지 않고 계속해서 자신의 이야기를 키워나갔고, 결국 전 세계 수백만 독자의 사랑을 받는 작품을 완성했습니다. 조앤 롤링의 경험에서 우리는 거절과 실패를 극복하는 힘을 얻을 수 있습니다.

성공을 위한 지름길!

이처럼 성공한 사람들의 이야기는 우리에게 깊은 *영감을 줍니다. 그들은 자신의 경험을 통해 어려운 순간에도 포기하지 않고 꾸준히 나아갈 수 있는 용기를 보여줍니다.

마치 산을 오를 때 산을 잘 오르는 사람의 발자취를 따라가면, 더 효율적으로 정상에 다다를 수 있는 것처럼 말입니다. 그 사람이 이미 겪어보고 헤쳐 간 길을 따라가면, 우리도 산의 정상을 향해 한층 더 수월하게 나아갈 수 있습니다.

결국, 꿈을 꾸고 꿈을 키워나가는 우리는 성공으로 가는 자신만의 길을 찾아야 합니다. 그 과정에서 성공한 이들의 이야기는 큰 도움이 되며, 우리를 위한 지침서가 됩니다. 이러한 성공한 사람들의 발자취를 통해 우리는 실패를 두려워하지 않고 꿈을 향해 한 걸음씩 나아갈 수 있는 용기를 얻을 수 있습니다. 그러니 꿈을 향해 나아가는 길에 좌절하지 말고 성공의 발자취를 따

---

*   영감(靈感) 창조적인 일의 계기가 되는 기발한 착상이나 자극.

돈 많은 백수가 꿈인 청소년이 읽어야 할 이야기!

라 그 길을 함께 걸어보길 바랍니다.

내일을 위한 메시지

이야기의 주제와 관련해 나의 이야기를 마음껏 써보세요.
꿈에 한 걸음 더 다가가는 여러분만의 이야기를 만들어 보세요.

_____

_____

_____

_____

_____

_____

_____

_____

_____

_____

넘어지고 또 넘어질것을 알면서도
분투한 사람의 결과는
반드시 한계점을 넘어설 거야!

비바람이 불어도 쓰러지지 않는 나무와 같이

팔심을 강화하기 위해 매일 100회의 팔굽혀펴기를 5세트로 나누어 꾸준히 실시했습니다. 그러던 어느 날, 갑자기 왼쪽 어깨에서 '뚝'하는 소리와 함께 통증이 느껴졌습니다. 어깨를 다쳐 한동안 운동을 할 수 없었고 이로 인해 제가 가장 좋아하는 춤조차 출 수 없게 될까 봐 두려움이 밀려왔습니다. 보름 동안 휴식 후 상태가 호전되어 다시 팔굽혀펴기를 시도했을 때, 그 두려움은 이루 말할 수 없었습니다. 하지만 이 두려움을 극복하고 다시는 부상을 입지 않도록 운동 방법을 조절하며 지속적으로 훈련한 결과, 몸 전체를 자유자재로 들어 올리고 내리는 동작을 구사할 수 있게 되었습니다.

거친 바다를 향해 항해를 준비하는 당신. 목적지를 정했다면 항구에서 떠나야 하고 여정을 나섰다면 힘차게 노를 저어나가야 합니다. 우리 각자의 삶은 바다를 항해하는 배와 같습니다. 항구를 떠나 꿈을 향해 나아가지만, 항상 평화롭고 맑은 날만 기다리고 있는 것은 아닙니다. 때로는 거센 비바람을 만나고 예상치 못한 파도에 휩싸일 수도 있습니다. 이것이 바로 성장의 과정입니다.

세상 어디에도 *순탄한 길은 없습니다.
쓰러져도 다시 일어설 수 있는
단단한 마음가짐이 중요한 법입니다.

여러분이 꿈꾸는 미래를 준비하면서 언제든 앞에 놓일 수 있는 수많은 장벽과 한계를 생각해 보세요. 이는 마치 배가 대양을 항해하다가 갑자기 맞닥뜨린 폭풍과 같습니다. 폭풍은 두렵고 때로는 그 무시무시한 크기에 압도당할 수도 있지만, 이를 극복하는 과정에서 우리는 더욱 강해질 수 있습니다.

올림픽에 도전하는 선수들을 떠올려 보면 목표를 이루기 위한 길이 얼마나 험난한지 알 수 있습니다. 태릉선수촌에 모인 선수

---

*   순탄하다(順坦하다)   **길이 험하지 않고 평탄하다.**

                                          돈 많은 백수가 꿈인 청소년이 읽어야 할 이야기!

들은 수많은 경쟁자를 이기기 위해 밤낮으로 자신의 종목에서 최고가 되기 위해 노력합니다. 시시때때로 부상이 찾아오기도 하지만 포기하는 법이 없습니다. 끊임없이 훈련을 거듭하며 자신의 한계를 극복하면서 금메달이라는 고지를 향해 나아갑니다.

비록 금메달을 목에 걸지 못할 수도 있지만, 이런 선수들의 힘겨운 여정은 비바람이 몰아치는 가운데서도 물러서지 않고 꿈을 향해 나아가는 모범이 됩니다.

그렇습니다. 꿈을 이루는 길은 순탄치만은 않습니다. 그러나 시련을 겪으며 배워나가는 과정 자체가 중요한 것이죠. 우리가 미래를 대비하고 준비하는 자세를 갖추는 것이야말로 진정한 성장을 위한 첫걸음입니다.

마치 나무가 비바람에도 쓰러지지 않기 위해 뿌리를 깊고 튼튼하게 내리는 것처럼, 우리도 내면의 힘을 길러야 합니다.

모든 어려움과 도전 속에서도 꿈을 향해 나아가는 여러분의 모습을 상상해 보세요. 우리가 다시 항구로 돌아오지 않고 새로운 세계를 향해 계속 전진하기 위해서는, 비바람이 몰아칠 때마다 그 폭풍을 견뎌낼 수 있는 단단한 마음가짐과 쓰러지더라도 다시 일어설 수 있는 강인한 의지가 필요합니다.

이것이 바로 비바람이 불어도 쓰러지지 않는 나무와 같은 존재가 되는 길입니다.

 꿈을 향해 나아가는 길에 결코 좌절하지 마세요. 미래를 향한 단단한 마음의 뿌리를 깊게 내리면, 어떤 비바람에도 흔들리지 않는 강인한 존재로 거듭날 수 있습니다.

내일을 위한 메시지

이야기의 주제와 관련해 나의 이야기를 마음껏 써보세요.
꿈에 한 걸음 더 다가가는 여러분만의 이야기를 만들어 보세요.

_____

_____

_____

_____

_____

_____

_____

돈 많은 백수가 꿈인 청소년이 읽어야 할 이야기!

운이라는 것은 결국 꾸준한 인내와 노력으로 만들어진 결과물이라고 생각해!

운이라는 것도 결국
노력의 결과물이다

춤 동작을 연습하며 자신의 발전을 느끼지 못하는 것은 흔한 일이 었습니다. 그러다 어느 날, 이전에는 한 바퀴밖에 돌지 못하던 기술 이 두 바퀴, 세 바퀴, 심지어 네 바퀴까지 돌아가는 순간이 옵니다. 이런 특별한 순간을 우리는 종종 '운이 좋다', '꽂혔다'라고 표현합 니다. 결국, 운이라는 것은 그 한 바퀴가 돌아가기 시작할 때 이미 이루어진 것이었습니다.

우리는 일상생활을 하면서 "운이 좋다.", "운이 나쁘다."라는 말을 종종 듣습니다. 특히, 중요한 시험이나 면접, 혹은 새로운 기회 앞에서 많은 이들이 '운'을 탓하곤 합니다. 그런데 과연 운

돈 많은 백수가 꿈인 청소년이 읽어야 할 이야기!

이란 무엇일까요? 운은 하늘에서 뚝 떨어지는 무언가일까요, 아니면 우리가 스스로 만들어 가는 것일까요?

운은 당신이 걸어온
과거의 결과물!

얼핏 생각하기에 운이란 단순히 우연의 일치처럼 보입니다. 어떤 사람은 태어나면서부터 좋은 환경에서 자라나 풍족하게 살아가고 또 어떤 사람은 불리한 조건에서 시작합니다. 금수저를 물고 태어난 사람은 운이 좋은 사람, 흙수저인 사람은 운이 나쁜 사람이라고 흔히들 표현하죠.

그런데 이러한 차이를 단지 '운이 좋다, 나쁘다'로만 평가할 수 있을까요? 이는 표면적인 이해일 뿐, 진정한 '운'의 본질을 파악하기에는 부족합니다.

실제로 '운'은 꾸준한 노력의 산물이라 할 수 있습니다. 예를 들어, 대학 합격이나 원하는 회사에 취업하는 경우를 생각해 봅시다. 이러한 성과는 하루아침에 이루어진 것이 아닙니다. 수많은 날을 바쳐 공부하고 준비하며, 때로는 실패를 경험하면서도 포기하지 않는 끈기가 필요합니다. 이런 과정에서 우리는 스스로의 '운'을 만들어 가는 겁니다.

그렇습니다. '운'은 단순히 주어진 것이 아니라, '노력하여 얻어진 결과'로 보는 것이 더 타당합니다. 대학이나 회사, 더 나아가 인생의 큰 목표를 달성했을 때 우리는 종종 그것을 "운이 좋았다."라고 말하지만, 그 배경에는 나의 노력, 인내, 준비가 있었다는 점을 잊지 말아야 합니다.

그런데 때때로 로또를 사며, 복권을 긁으며 *일확천금을 꿈꾸는 사람이 있습니다. 일확천금은 노력 없이 그저 운에 자신의 인생을 맡기는 것과 같습니다. 즉 일확천금을 꿈꾸는 것은 노력 없이 오는 운을 바라는 것이며, 쉽게 이룬 목표는 쉽게 사라지는 법이기에 대부분 이러한 바람은 우리를 실망시킬 뿐입니다.

진정한 의미에서 '운'을 얻기 위해서는 목표에 도달하기 위한 준비와 노력이 필요합니다. 꿈을 향한 노력 속에서 자연스럽게 따라오는 '운'이라야 진정으로 값어치가 있습니다.

노력하고 공부하고 인내해야
운도 찾아오는 법입니다.

---

* 일확천금(一攫千金) 단번에 천금을 움켜쥔다는 뜻으로, 힘들이지 아니하고 단번에 많은 재물을 얻음. 또는 그 재물을 이르는 말.

돈 많은 백수가 꿈인 청소년이 읽어야 할 이야기!

운을 탓하기보다는 오늘 하루 어떤 노력을 할 수 있을지 고민하는 것이 스스로를 가치 있는 사람으로 만드는 겁니다. 그러기 위해서는 자신만의 운을 창출하기 위한 첫걸음을 내디뎌야 합니다.

운은 결국 여러분의 노력이 만들어 내는 것이라는 점을 잊지 마세요!

내일을 위한 메시지

이야기의 주제와 관련해 나의 이야기를 마음껏 써보세요.
꿈에 한 걸음 더 다가가는 여러분만의 이야기를 만들어 보세요.

_____

_____

_____

_____

_____

_____

노력만큼 찾아오는
인생의 기회

　인생에서 기회는 예고 없이 찾아옵니다. 그런데 기회가 우연히 하늘에서 떨어지기만을 기다린다고 해서 우리에게 오는 것일까요? 그렇지 않습니다. 결론부터 이야기하자면, 우리의 노력이 기회를 끌어당기는 자석과도 같은 역할을 합니다.

　기회는 누구에게나 공평하게 주어진다는 말을 종종 듣습니다. 하지만 정말 중요한 것은 그 기회를 잡을 준비가 되어 있는가입니다. 작은 기회일지라도 그것을 잡을 준비가 되어 있다면 큰 성공으로 이어질 수 있습니다.

　그러나 기회는 게으른 사람에게는 쉽게 오지 않습니다. 예를 들어, 한 학생이 있습니다. 그는 매일 공부를 게을리하고 시험 준비를 제대로 하지 않았습니다. 그 결과 중요한 시험에서 낮은 점수를 받았고 원하는 대학에 진학할 기회를 잃었습니다. 반면, 또 다른 학생은 매일 꾸준히 노력하여 시험에 잘 대비했고, 그 결과 원하는 대학에 합격할 수 있었습니다.

두 학생 모두에게 기회는 주어졌지만, 그 기회를 잡을 준비가 된 사람만이 기회를 잡을 수 있었습니다.

위기를 기회로 만들 당신,
그 미래는 밝을 수밖에 없습니다.

그리고 우리는 위기 속에서도 기회를 찾을 수 있어야 합니다. 위기의 순간은 누구에게나 찾아올 수 있습니다. 하지만 그 위기를 어떻게 대처하느냐에 따라 결과는 크게 달라질 수 있습니다. 위기를 기회로 전환할 수 있는 능력은 바로 여러분이 지금까지 쌓아온 노력과 경험에서 비롯됩니다.

노력한 만큼 기회는 분명히 찾아옵니다. 기회는 자주 오지 않을 수도 있고 때로는 예상치 못한 형태로 다가올 수도 있습니다. 그래도 항상 준비되어 있고 끊임없이 자신을 발전시키려는 노력을 게을리하지 않는다면 기회는 여러분 앞에 분명히 나타날 것입니다.

우연이 아닙니다.

기회는 노력입니다.

꿈을 꾸고 꿈을 실현해 나가는 사람들은 기회를 기다리기보다는 기회를 만들기 위한 준비를 합니다. 당신의 노력이 새로운 기회를 만들어 낼 것이며, 그 기회를 통해 꿈에 한 걸음 더 다가갈 수 있을 겁니다.

내일을 위한 메시지

이야기의 주제와 관련해 나의 이야기를 마음껏 써보세요.
꿈에 한 걸음 더 다가가는 여러분만의 이야기를 만들어 보세요.

_____

_____

_____

_____

_____

눈앞의 버스를 놓쳤으면 다음 버스라도 타라!

과거에 대한 회상 X + 현재의 노력 O = 나의 미래!

우리의 삶은 늘 예상치 못한 순간에 선택의 기로에 서곤 합니다. 어떤 이는 버스를 놓치고 *낙담하며, 어떤 이는 다음 버스가 오기를 기다립니다. 하지만 정말 중요한 것은 버스를 놓쳤다고 해서 그날의 여정 자체를 포기하지 않는 마음가짐입니다.

일상에서 종종 겪는 '버스를 놓치는' 경험은 누구나 겪을 수 있는 크고 작은 실패의 한 장면입니다. 중요한 시험에 떨어졌다거

---

*   낙담(落膽)   바라던 일이 뜻대로 되지 않아 마음이 몹시 상함.

나, 원하던 대학에 입학하지 못했을 때 우리는 실망감에 빠지기 쉽습니다. 하지만 이러한 실패는 결국 삶의 한 부분일 뿐, 우리의 여정을 멈추게 할 이유는 되지 못합니다.

　버스를 놓쳤다면 그 자리에 주저앉아 하염없이 다음 버스만을 기다릴 것인가요, 아니면 다른 교통수단을 찾아볼 것인가요? 이러한 선택은 우리가 얼마나 유연하게 상황을 대처할 수 있는지를 보여줍니다. 타야 할 버스를 놓쳤다면 또 다른 버스를 타거나 걸어가거나 혹은 자전거를 탈 수도 있습니다. 중요한 것은 조금 늦더라도 목적지에 도달하는 것이지 어떤 방법을 사용하느냐 하는 것은 아닙니다.

　우리가 익히 아는 노래에도 이런 노랫말이 있죠.

"지나간 것은 지나간 대로

그런 의미가 있죠."

　그렇습니다. 이 노랫말은 우리에게 지난 일에 *연연하지 말고 앞으로 나아가라는 의미입니다.

---

* 　연연하다　**집착하여 미련을 가지다.**

　　　　　　　돈 많은 백수가 꿈인 청소년이 읽어야 할 이야기!

이처럼 과거에 대한 후회보다는 그 경험에서 무엇을 배울 수 있을지를 생각하는 것이 더 중요합니다. 모든 경험은 우리에게 교훈을 주며, 때로는 실패가 더 큰 성공으로 이끄는 발판이 될 수 있습니다. 우리의 삶에서 '다음 버스'는 항상 옵니다. 중요한 것은 '그 버스에 탑승할 준비가 되어 있는가'입니다.

지난 과거는
나를 더 단단히
만들어 주는 밑거름!

버스를 한번 놓쳤다고 해서 그날의 모든 계획을 포기할 필요는 없습니다. 놓친 버스 뒤에는 또 다른 기회(버스)가 오기 마련이며, 때로는 예상치 못한 새로운 길이 우리를 기다리고 있습니다.

여러분의 '다음 버스'를 향해 당당히 걸어가시길 바랍니다. 그리고 그 여정 속에서 더 큰 꿈을 향해 나아가는 용기를 가져야 합니다!

돈 많은 백수가 꿈인 청소년이 읽어야 할 이야기!

걸림돌이
디딤돌이 되는 마법

춤을 추면 '딴따라'라고 하며 곱지 않은 시선을 보내던 시절이 있었습니다. 주변에서는 춤으로 어떻게 생계를 유지하려고 하느냐며, 안정적인 월급을 받으며 살아가는 것이 낫지 않겠냐고 조언했습니다. 그들의 말이 틀린 것은 아니었습니다. 그러나 저는 도전하고 싶었습니다. 공장 일용직과 여러 아르바이트로 모은 돈을 가지고 신중히 생각한 끝에 내린 결론은 혹여 실패해도 다시 시작할 수 있다는 것이었습니다. 그 생각을 디딤돌 삼아 도전을 결심하게 되었습니다.

우리 삶 속에는 수많은 걸림돌이 있습니다. 걸림돌이 때로는 우리의 꿈과 목표를 가로막는 장애물로 보이기도 합니다. 그러나 이러한 걸림돌은 우리가 조금만 달리 생각해도 오히려 디딤돌이 될 수 있습니다. 그렇게 걸림돌을 하나둘 디딤돌로 만들 수 있다면, 우리 앞길에 또 다른 걸림돌을 마주할 때도 그 [*]난관을 극복할 수 있는 원동력이 될 겁니다.

걸림돌을 넘어
한 발 더 정진하는 삶!

물질적인 것, 인간관계, 욕심과 본능 등 걸림돌은 다양한 형태로 우리에게 찾아옵니다. 시험에 떨어지거나 좋아하는 일자리를 놓쳤을 때, 친구나 가족 간의 갈등, 그리고 자신의 욕심과 본능으로 인한 갈등 등이 가장 대표적이죠.

이러한 걸림돌은 종종 과도한 스트레스를 유발하고, 이 스트레스가 쌓이면 우리의 신체와 정신에 크나큰 해를 끼칠 수 있습니다.

이를 극복할 가장 좋은 방법은 바로 ^{**}마인드 컨트롤입니다. 어

---

*   난관(難關)   일을 하여 나가면서 부딪치는 어려운 고비.
**   마인드 컨트롤(mind control)   스스로 자신의 생각과 행동, 감정, 마음 등을 절제하고 조절하는 일.

122   돈 많은 백수가 꿈인 청소년이 읽어야 할 이야기!

떤 문제에 *직면했을 때 우리의 마음과 태도를 조절하여 문제를 긍정적으로 해석하고 자신에게 긍정적인 동기부여를 제공하는 것입니다.

예를 들어, 시험에 떨어진 것을 실패로 보는 대신, 그것을 성장의 기회로 여기고 앞으로 더 열심히 공부하겠다고 다짐할 수 있습니다. 또한, 친구나 가족과의 갈등을 해결하기 위해 상대방의 관점을 이해하고 대화를 통해 문제를 해결할 수도 있습니다.

걸림돌로 인한 과도한 스트레스에
**매몰되면 안 됩니다. 편안한 마음가짐을
항상 유지하세요.

마인드 컨트롤은 연습과 노력을 통해 향상될 수 있습니다. 매일 자신의 생각과 태도를 관찰하고 긍정적인 방향으로 바꾸는 노력을 기울여야 합니다. 이렇게 차근히 걸림돌을 디딤돌로 만드는 작업을 꾸준히 하면 우리의 삶은 긍정적으로 변화할 것이고 우리가 마주하는 어려움을 이겨내는 데 큰 도움이 되는 마법과도 같은 일이 일어날 것입니다.

---

*   직면(直面)   어떠한 일이나 사물을 직접 당하거나 접함.

**   매몰(埋沒)   보이지 아니하게 파묻히거나 파묻음.

그리고 항상 걸림돌을 디딤돌로 만들 수 있다는 희망을 품고 있어야 합니다. 어떤 상황에서도 우리는 변화의 주체가 되어 긍정적으로 대응해야 하며, 이를 통해 우리의 삶을 더욱 풍요롭게 만들어 나갈 수 있습니다.

여러분, 언제나 자신에게 가능성을 믿고 걸림돌을 디딤돌로 바꿀 수 있는 마법을 찾아내십시오!

내일을 위한 메시지

이야기의 주제와 관련해 나의 이야기를 마음껏 써보세요.
꿈에 한 걸음 더 다가가는 여러분만의 이야기를 만들어 보세요.

오늘 한 걸음,
내일 또 한 걸음,
하루에 한 걸음씩 만
꾸준하게!

나는 지금
잘하고 있는 걸까?

> 춤을 추는 일이 제게 항상 즐거운 것만은 아니었습니다. 좋아하는 일을 하면서도 생계를 유지해야 하는 현실과 마주칠 때마다, 나이를 먹을수록 그 현실감이 점점 더 크게 다가왔습니다. 하루 종일 아르바이트를 하고 나면 피로로 인해 잠자리에 드는 것 외에는 아무것도 할 수 없었고 결국 제가 좋아하고 잘하는 일과는 점점 멀어지게 되었습니다.

우리는 인생의 길에서 종종 자신을 되돌아보며, '나는 지금 잘하고 있는 걸까?'라는 질문을 던집니다. 특히 청소년기에는 미래에 대한 불확실성과 꿈을 향한 불안감으로 인해 이 질문을 더욱

돈 많은 백수가 꿈인 청소년이 읽어야 할 이야기!

강렬하게 만들곤 하죠.

> 포기하는 순간,
> 또다시 처음부터
> 시작해야 합니다.

　꿈을 향해 나아가는 길은 결코 성공이 무조건 보장된 길은 아닙니다. 다만 우리가 할 수 있는 것은 가능한 최선의 방향으로 나아가려 노력하는 것뿐입니다. 최선을 다하다 보면 언젠가는 빛을 발할 수 있게 되는 것이죠. 중도에 멈춰 서는 것보다 끝까지 가보려는 자세가 더욱 성공에 가깝게 하는 길임은 분명합니다.

　하지만 종종 우리는 미래가 100% 확실하다면 더 행복할 것이라고 착각합니다. 실제로는 그렇지 않습니다. 미래가 확실하다 해도 인생은 다른 문제들로 인해 여전히 불안감을 느낄 수 있습니다.

　그렇다면 어떻게 이 불안을 관리할 수 있을까요? 중요한 것은 균형 잡힌 삶을 유지해야 한다는 점입니다. 꿈을 향한 노력과 함께 여유로운 마음가짐을 유지하는 균형이 필요하다는 의미입니다.

　공부에만 집중하다 보면 정신적 과부하를 경험할 수 있으며,

이는 결국 *번아웃으로 이어질 수 있습니다.

예를 들어, 어떤 친구가 의대 진학을 목표로 공부에만 매진하다가 스트레스를 받고 있었습니다. 그는 어느 순간, 자신이 정말로 의사가 되고 싶은지, 아니면 다른 경로의 삶도 가능한지 의문을 품게 되었습니다. 이런 의문을 가지고 그는 의학 관련 자원봉사와 다른 분야의 취미 활동에도 참여하기 시작했습니다. 이러한 경험은 그가 자신의 길을 더 넓게 탐색하고 신중하게 선택하는 데 도움을 주었습니다.

꿈을 탐색할 때도 의문이 들면 다른 활동에 몰두해 보는 것이 좋습니다. 이는 여러분이 다양한 경험을 통해 더 넓은 시야를 갖게 하고 결국에는 더 확실한 선택을 할 수 있게 도와줄 겁니다. 여유를 가지고 신중하게 선택하는 것, 결국 여러분의 행복을 향한 길입니다.

균형 있는 삶을 살아갈 때
당신은 삶의 활력을 얻을 수 있습니다.

---

*   번아웃(burnout)   체육 어떠한 활동이 끝난 후 심신이 지친 상태. 과도한 훈련에 의하거나 경기가 원하는 대로 풀리지 않아 쌓인 스트레스를 해결하지 못하여 심리적·생리적으로 지친 상태.

    돈 많은 백수가 꿈인 청소년이 읽어야 할 이야기!

미래에 대한 불안은 자연스러운 것입니다. 그러나 불안을 극복하고 균형 잡힌 삶을 유지하기 위해 노력한다면, 그 자체로도 여러분은 이미 '잘하고 있는' 것입니다.

당신의 길을 믿고 한 걸음 한 걸음 내디디세요. 그리고 그 걸음이 여러분을 꿈에 한 걸음 더 가까이 다가가게 할 것이라는 점을 기억하세요.

여러분은 지금도 충분히 잘하고 있습니다.

내일을 위한 메시지

이야기의 주제와 관련해 나의 이야기를 마음껏 써보세요.
꿈에 한 걸음 더 다가가는 여러분만의 이야기를 만들어 보세요.

_____

_____

_____

_____

실패가 쌓이면
성공의 밑거름이 된다

동작을 연습하면서 수없이 넘어지고 다쳐 바닥과 친숙해졌습니다. 거의 매일 바닥과 인사를 할 정도였습니다. 처음에는 넘어지고 다치는 것이 두려웠지만, 시간이 지나면서 두려움이 자신감으로 변하는 자신을 발견할 수 있었습니다.

실패가 한 번, 두 번,

백 번, 천 번이 쌓여서

단 한 번의 성공의 기회를

만들어 갑니다.

우리는 삶의 길 위에서 수많은 실패를 마주합니다. 크든 작든, 실패는 때때로 우리를 깊은 절망으로 이끌기도 하지만, 우리가 어떻게 그것을 받아들이느냐에 따라 그 의미는 달라질 수 있습니다.

실패는 인생에서 피할 수 없는 *숙명과도 같습니다. 때로는 실패가 우리가 더 큰 도약을 위해 필요한 교훈을 제공하기도 합니다. 크나큰 실패를 경험한 사람일지라도 그 이전에 수없이 많은 작은 실패들을 겪었을 것입니다. 이러한 경험들은 그 사람을 더 강하게 만들었을 테고, 실패를 극복하는 법을 배우게 했을 겁니다.

우리 주변에는 큰 실패를 경험해도 여전히 꿋꿋이 서 있는 사람들도 있습니다. 그들은 실패를 개인적인 성장과 발전의 기회로 삼아, 다음 도전을 위한 밑거름으로 삼았던 겁니다. 이러한 태도는 우리에게 중요한 메시지를 던집니다.

예를 들어, 영업을 하면서 수많은 실패를 경험한 사람의 이야기를 생각해 보세요. 영업 중에 잡상인 취급을 받거나 무시당하는 일이 **비일비재했을 겁니다. 하지만 그는 영업으로 큰 성공을 이뤄냈습니다. 바로 거듭되는 실패에서 성공을 배웠던 것이

---

*   숙명(宿命) 날 때부터 타고난 정해진 운명. 또는 피할 수 없는 운명.

**   비일비재(非—非再) 같은 현상이나 일이 한두 번이나 한둘이 아니고 많음.

죠. 그런 경험들이 모여 결국 그 사람을 더욱 끈기 있고 강인하게 만들었습니다.

실패는 단순히 끝이 아니라 새로운 시작을 알리는 신호탄입니다. 천 번의 실패가 있더라도 단 한 번의 성공으로 모든 실패가 의미 있는 성장의 밑거름이 될 수 있습니다. 성공은 자주 오지 않으며 실패와 노력 없이 이루어지지 않습니다. 그래서 미래를 향해 발걸음을 옮기는 여러분은 실패를 당연한 것으로 받아들이고 그것을 통해 배우며 성장하는 자세가 필요한 것이죠.

실패했다고 주저앉으면
복구할 수 없는 *나락의 길로
빠질 수 있습니다.

성공을 향한 여정에서 여러분도 수많은 도전과 실패를 마주하게 될 것입니다. 그러나 그 실패들이 당신을 깎아내리는 도구가 아니라, 성장을 돕는 디딤돌임을 기억하세요. 실패를 두려워하지 말고 그것을 극복함으로써 얻는 교훈과 경험을 소중히 여겨야 합니다.

---

*   나락(那落)   벗어나기 어려운 절망적인 상황을 비유적으로 이르는 말.

언젠가는 그 실패들이 하나둘 쌓여

당신을 성공으로 이끌 것입니다.

내일을 위한 메시지

이야기의 주제와 관련해 나의 이야기를 마음껏 써보세요.
꿈에 한 걸음 더 다가가는 여러분만의 이야기를 만들어 보세요.

성공을 위한 투자,
그 목적을 이해하라

주식, 비트코인, 부동산 등으로 '빠른' 부를 쌓기를 꿈꾸는 사람들이 부쩍 많이 늘었습니다. 학생들 사이에서도 빠른 부 쌓기, 투자에 대한 관심이 급증하고 있다고 하니, 안타까운 현실입니다.

우리가 *지향해야 할 성공을 향한 진정한 투자는 과연 무엇일까요? 이 질문에 답하기 위해서는 먼저 투자의 목적을 이해해야 합니다.

미래를 위한 투자가 중요하다는 사실은

---

* 지향(指向) 어떤 목표로 뜻이 쏠리어 향함. 또는 그 방향이나 그쪽으로 쏠리는 의지.

돈 많은 백수가 꿈인 청소년이 읽어야 할 이야기!

누구나 잘 알고 있습니다.
나를 위한 투자가 그 첫걸음입니다.

많은 사람들이 자산을 늘리기 위해 금융 시장에 투자합니다. 이게 나쁘다고 말하는 것이 아닙니다. 문제는 많은 이들이 여윳돈이 아닌, 생활비까지 털어 넣는 소위 '몰빵' 투자를 한다는 점입니다. 이러한 행위는 위험을 크게 증가시키며, 실패할 경우 일상생활에 치명적인 영향을 미칠 수 있습니다. 그래서 투자할 때는 반드시 잃어도 되는 돈으로만 해야 하며, 이는 신중한 투자를 하는 데 있어 기본자세가 됩니다.

꿈을 향해 가는 사람들에게는 물질적 투자에 앞서 더 중요한 투자가 있습니다. 바로 '자기 자신'을 위한 투자입니다. 나를 위한 투자는 교육, 기술 습득, 건강 관리와 같이 장기적으로 본인의 가치와 능력을 향상시키는 데 초점이 맞춰져 있습니다.

물론 자기 자신을 위한 투자는 당장 눈에 띄는 결과를 가져오지 않을 수도 있지만, 장기적으로 보면 가장 큰 수익을 안겨주는 투자입니다.

지금도 멈추지 않고 흘러가는 시간,
당신은 지금 어디서 무얼 하고 있나요?

나 자신을 위한 투자에는 시간도 포함됩니다. 우리의 삶은 모두에게 똑같이 주어진 시간을 어떻게 사용하는가에 따라 그 결과가 크게 달라집니다. 같은 시간에 어떤 친구는 PC방을 전전하면서 시간을 보낼 수도 있고, 또 어떤 친구는 디자이너가 되기 위해 학원에 다니면서 포토샵을 배울 수도 있습니다.

당신은 지금 어떤 시간을 보내고 있나요? 미래를 위한 준비의 시간, 지금을 즐기자는 한가한 시간. 시간을 어떻게 보내는지도 결국 자신의 선택에 달렸습니다. 어떤 시간이 더 가치 있는지 평가하는 것을 떠나, 시간을 효율적으로 사용하여 자신의 능력을 개발하고 목표를 향해 나아가는 것은 성공을 위한 밑거름이 될 것이 분명합니다.

앞서 이야기했듯이 성공을 위한 투자는 단순히 금전적인 것에 *국한되지 않습니다. 인생에서 가장 가치 있는 투자는 자신의 미래를 위한 것입니다.

자신에게 투자하면서, 물질적인 것뿐 아니라 인간관계와 건강에도 투자하는 균형 잡힌 접근을 통해 여러분은 진정한 성공을 이룰 수 있습니다.

---

* 　국한(局限) 범위를 일정한 부분에 한정함.

돈 많은 백수가 꿈인 청소년이 읽어야 할 이야기!

여러분, 성공을 위해 투자하는 그 목적을 깊이 이해하고 신중하게 행동하십시오. 이것이 당신의 빛나는 미래를 위한 최고의 준비입니다.

내일을 위한 메시지

이야기의 주제와 관련해 나의 이야기를 마음껏 써보세요.
꿈에 한 걸음 더 다가가는 여러분만의 이야기를 만들어 보세요.

돈 많은 백수가 꿈인 청소년이 읽어야 할 이야기!

작은 것을 잃은 삶, 큰 것을 잃은 삶

    사람들은 종종 삶의 *가치의 척도를 돈으로 측정하려 합니다. 그러나 인생의 진정한 가치는 돈만으로 평가할 수 없습니다.

    "돈을 잃으면 조금 잃는 것이고 사람을 잃으면 많이 잃는 것이고 건강을 잃으면 전부를 잃는 것이다."라는 격언은 이를 잘 설명해 줍니다. 이 격언을 통해 우리는 인생에서 진정 중요한 것이 무엇인지 다시금 생각해 볼 수 있습니다.

왜 우리는 돈을 최고의 가치로 여길까요?

사랑, 건강… 정작 중요한 것은

---

*   가치 척도(價値尺度)   상품 따위의 가치를 재는 기준.

천만금의 돈으로도 살 수 없습니다.

우리가 돈만을 좇는 삶을 살려고 하는지, 그 이유는 간단합니다. 돈은 생활의 편리함과 안정성을 가져다주기 때문입니다.

그러나 돈은 우리의 삶에서만큼은 모든 걸 해결해 주지는 않습니다. 예를 들어, 어떤 사람이 돈을 엄청 많이 번다고 해도 그의 주변에 아무도 없다면 그 돈이 무슨 소용일까요? 나를 위해 쓰는 돈은 하루, 이틀이면 그만입니다. 그래서 돈의 진정한 가치도 사람과의 관계 속에서 비로소 드러나는 것이죠.

사랑하는 사람을 잃었다고 생각해 보세요. 그 상실감을 돈으로 채울 수 있을까요? 절대 돈으로는 해결하지 못합니다. 주변의 소중한 사람들이 있기에 내가 있는 것이고 그 속에서 돈도 가치가 있다는 의미입니다.

건강은 세상 그 무엇과도
바꿀 수 없습니다.

그러나 무엇보다 중요한 것은 우리의 건강입니다. 건강이 좋지 않다면, 돈이 많고 사람들이 주변에 많다 해도 그 어떤 것도 진정으로 즐길 수 없습니다.

건강을 유지하는 것은 단순히 신체적 건강에 국한되지 않습니다. 마음의 건강 또한 매우 중요합니다. 스트레스가 많은 삶, 부정적인 생각과 감정은 정신건강에 악영향을 미칠 수 있습니다. 마음이 건강하지 못하면 결국 신체적 건강마저 해치게 되는 것이죠.

그래서 우리는 균형 잡힌 삶을 위해 꾸준한 운동과 건전한 생각을 유지해야 합니다. 큰 것, 작은 것을 떠나 모든 것을 소중히 여기고 균형 잡힌 삶을 위해 노력하는 것은 우리가 인생에서 직면할 수 있는 크고 작은 문제들을 헤쳐나갈 힘을 길러줍니다. 또 그것이 바로 작은 것과 큰 것을 모두 잃지 않는 방법이기도 하죠.

결국, 인생에서 가장 큰 가치는 건강이며, 그다음은 사람과의 관계, 그리고 마지막이 돈입니다. 돈을 좇는 일에만 매몰되지 말고, 건강과 주변 사람들과의 관계를 소중히 여기며 살아갑시다.

그런 당신은 인생에서 큰 것과 작은 것을 모두 놓치지 않고 진정한 행복을 찾을 수 있을 겁니다.

내일을 위한 메시지

이야기의 주제와 관련해 나의 이야기를 마음껏 써보세요.
꿈에 한 걸음 더 다가가는 여러분만의 이야기를 만들어 보세요.

돈 많은 백수가 꿈인 청소년이 읽어야 할 이야기!

맨 앞에 서기 vs
맨 끝에 서기

우리는 어릴 때부터 줄 서는 법을 배웁니다.
또 우리는 인생의 많은 상황에서 *무형의 줄을 섭니다.

> 기회를 얻기 위해,
>
> 목표를 달성하기 위해,
>
> 또는 꿈을 실현하기 위해

그런데 많은 사람들이 왜 줄을 서야 하는지, 그 이유를 명확히
이해하지 못합니다. 줄을 서는 것은 단순한 질서유지 이상의 깊

---

* 무형(無形) 형상이나 형체가 없음.

은 의미를 담고 있습니다.

발 빠른 사람만이
줄을 서서 기다리지 않습니다.

삶을 살아가면서 우리는 자연스럽게 알게 됩니다. 모든 일은 줄 서는 것과 관련이 있다는 것을.

입학을 위해, 좋은 직장을 얻기 위해, 심지어 행복을 찾기 위해서도 우리는 줄을 섭니다. 하지만 정말 중요한 것은 우리가 그 줄의 어디에 설 것인가 하는 것입니다.

늦게 도착하여 줄의 맨 끝에서 오랫동안 기다릴 것인가,
아니면 남들보다 한발 앞서 줄의 시작에 서서
빨리 목적지에 도달할 것인가?

발 빠른 사람들은 줄을 오래 서지 않고 자신의 목적지에 빨리 도착할 수 있습니다. 이들은 상황을 미리 파악하고 필요한 조치를 취하며, 누구보다 먼저 행동에 나서는 사람들입니다.

반면에 편안함에 *안주하고 움직이지 않는 사람들은 끝없이

---

*   안주(安住)   현재의 상황이나 처지에 만족함.

이어지는 줄에서 오랫동안 기다리게 됩니다. 이는 불편한 진실일 수 있습니다. 하지만 인생에서 선두에 서기 위해서는 용기와 행동이 필요합니다.

한 학생이 학교 프로젝트 대회에 참여하기로 결정했습니다. 많은 학생들이 마지막 순간에 준비를 시작했지만, 이 학생은 미리 계획을 세우고 준비를 했습니다. 어떤 결과가 있었을까요? 그는 대회에서 우수한 성적을 거두었고, 자신의 능력을 인정받을 수 있었습니다.

그의 성공은 미리 준비하고 먼저 행동한 덕분에 가능했습니다.

그래서 줄을 서야 할 때 여러분은 남들보다 먼저 움직여야 합니다. 또한, 준비가 다 되었다고 생각될 때도 기다리기만 하는 것이 아니라, 계속해서 노력하고 발전해야 합니다. 기다림만으로는 성공할 수 없으며 적극적인 행동과 끊임없는 노력이 필요한 것이죠.

어떤 일에서든 여러분의 삶에서 맨 앞에 서려고 노력하세요. 그리고 장애물이 있더라도 그것을 디딤돌 삼아 더 높이 올라가세요. 맨 앞에 서는 것이 쉽게 달성하기는 어렵겠지만, 그만큼의 가치는 분명히 있습니다. 그 노력이 결국 큰 성공으로 이어질 것입니다.

내일을 위한 메시지

이야기의 주제와 관련해 나의 이야기를 마음껏 써보세요.
꿈에 한 걸음 더 다가가는 여러분만의 이야기를 만들어 보세요.

_____

_____

_____

_____

_____

_____

_____

_____

_____

_____

돈 많은 백수가 꿈인 청소년이 읽어야 할 이야기!

(저자 인스타그램)

(저자 유튜브)

멋진 미래를
만드는 오늘의 나

나에게는
너무나 긴 하루?

하루의 연습 시간은 저에게 가장 행복한 시간이었습니다. 시간이 얼마나 짧게 느껴졌는지 모릅니다. 연습이 끝난 후에도 아쉬움이 남아, 내일의 연습 시간이 빨리 오기를 손꼽아 기다리며 하루를 보낸 날이 많았습니다. 그렇게 좋아하는 일을 하며 하루하루 보내다 보니, 새로운 동작들이 하나하나 완성되는 나를 발견할 수 있었습니다.

당신의 하루를 돌아보세요.

하루 24시간이 부족한가요, 아니면 길다고 느껴지나요?

하루 24시간은 누구에게나 공평하게 주어지는 시간입니다. 24시간을 분으로 따지면 1,440분. 이 시간은 누군가에는 아주 귀하고 아까운 시간일 테고 또 누군가에게는 그저 빨리 흘러가 버렸으면 하는 시간 중 하나일 겁니다.

모든 청소년들이 매일 아침, 새로운 하루를 맞이할 때마다 소중한 시간을 어떻게 사용할지 선택의 *기로에 섭니다. 시간은 모두에게 공평하게 주어지는 것이지만, 그 시간을 어떻게 활용하느냐는 전적으로 여러분의 결정에 달려 있습니다.

여러분은 오늘 하루를 어떻게 보낼 계획인가요?

나에게 주어진 하루가 너무나 길게 느껴진다면, 무언가가 잘못되었음을 빨리 깨달아야 합니다. 내게는 지루하게 여겨지는 시간에 당신의 친구는 미래를 위해 더 열심히 공부하고, 더 열심히 배우며, 더 열심히 달려나가고 있습니다. 모든 순간이 미래를 만드는 기회라는 점을 반드시 가슴에 새겨야 합니다.

성공한 많은 사람들은 자신의 하루를 목표를 향해 한 걸음 더 나아가는 데 성실히 사용합니다. 학교에서 배운 내용을 복습하고 새로운 스킬을 배우며, 건강을 유지하기 위해 운동을 하는 등

---

*   기로(岐路) **여러 갈래로 갈린 길.**

돈 많은 백수가 꿈인 청소년이 읽어야 할 이야기!

그들은 자신의 시간을 최대한 활용하여 자신의 능력을 키우는 것이죠.

물론 쉬고 싶고, 놀고 싶고, 오늘 하루가 빨리 지나기를 바라는 여러분의 마음을 이해하지 못하는 것은 아닙니다.

사람은 서 있으면 앉고 싶고, 앉으면 눕기를 바랍니다. 걷고 있으면 자전거를 타고 싶고, 또 자전거를 타고 있으면 자동차를 타고 싶고, 자동차를 타면 비행기를 타고 싶어 합니다. 이것은 나만 그런 것이 아닌, 누구에게나 해당하는 사람의 본능입니다.

하지만 사람은 본능대로만 살 수는 없습니다. 그게 사람과 동물의 가장 큰 차이인 것이죠. 본능에 따라 오늘만을 사는 동물과 달리, 우리 인간은 오늘을 활용해서 더 나은 내일을 준비해야 합니다. 오늘을 활용한다는 것은 시간을 활용한다는 의미이고 그 시간을 어떻게 더 의미 있게 보내느냐에 따라 나의 미래가 달라지는 것이죠.

우리는 오늘을 어떻게 활용해야 할까요?

오늘, 당신이 '너무나 긴 하루'를 어떻게 보낼지 고민한다면, 이 하루를 여러분의 꿈과 목표에 한 발 더 다가갈 수 있는 기회로 삼으세요. 모두에게 공평하게 주어진 시간을 가치 있게 만드는 것은 바로 당신의 선택에 달려 있습니다.

모든 순간을 소중히 하고, 그 시간을 통해 여러분만의 무언가를 창조하세요. 그런 하루하루가 차곡차곡 쌓이면 당신은 빛나는 미래를 맞이할 수 있을 겁니다.

내일을 위한 메시지

이야기의 주제와 관련해 나의 이야기를 마음껏 써보세요.
꿈에 한 걸음 더 다가가는 여러분만의 이야기를 만들어 보세요.

돈 많은 백수가 꿈인 청소년이 읽어야 할 이야기!

어차피 해야 할 일이면,
생각난 김에
지금 실행에 옮겨봐!

하나를 보면 열을 안다?
진짜 안다!

새로운 동작을 연습할 때마다 어디서부터 시작해야 할지, 어떤 방법으로 연습해야 할지 막막할 때가 많았습니다. 이 방법 저 방법 시도해 보면서 깨달은 점은 비록 몸으로 표현하는 동작일지라도 머리로 생각하고 *구상하면서 나만의 방식을 찾는 것이 중요하다는 것입니다. 기초 단계부터 차근차근 정리해 체계적으로 주어진 시간을 활용할 수 있는 나만의 연습 방법을 만들어 연습했습니다.

오늘 너무 피곤한데, 숙제 내일 할까?

---

*   구상(構想)   앞으로 이루려는 일에 대하여 그 일의 내용이나 규모, 실현 방법 따위를 어떻게 정할 것인지 이리저리 생각함. 또는 그 생각.

에이, 방 청소 매일 할 필요 있겠어? 내일 하지 뭐.

이거 지금 안 해도 되잖아! 나중에 할게.

...

"하나를 보면 열을 안다."라는 속담이 있습니다. 이 말은 작은 행동 하나에서 그 사람의 성격과 잠재력을 엿볼 수 있다는 옛 속담입니다. 그런데 정말로 우리는 어떤 사람의 작은 행동 하나하나를 통해 그 사람의 미래도 알 수 있을까요?

예, 그렇습니다. 100% 다 알 수 있지는 않겠지만, 작은 행동 하나하나를 보면 어느 정도 그 사람을 알 수 있고 또 그 사람의 미래도 *가늠할 수 있습니다. 사소한 것조차 피곤하다고 귀찮다는 핑계로 매일 미루는 친구가 있다고 생각해 보세요. 어렵지 않게 지금 할 수 있는 일인데도 계속 나중으로 미루는 습관을 가진 친구가 큰일을 할 때는 성실히 할 수 있을까요?

당연히 여러분은 아닐 것이라고 답할 겁니다. 이것이 바로 작은 행동 하나에서 큰 것을 볼 수 있는 이유입니다.

일을 미루는 습관은 작은 것에서부터 시작됩니다. 그런데 이것이 반복된다면 어떨까요? 그런 사람은 인생에서 많은 기회를

---

*   가늠   목표나 기준에 맞고 안 맞음을 헤아려 봄. 또는 헤아려 보는 목표나 기준.

놓치는 *우를 범하게 되는 것이죠.

"어차피 해야 할 일이라면 지금 당장!"

이 간단한 원칙이 성공으로 가는 길을 닦을 수 있습니다. 왜냐하면 성실한 사람은 작은 일에서도 정성을 발휘하여 더 큰 성과를 이뤄내기 때문입니다.

성실한 사람은 사소한 일에도 최선을 다하는 모습을 통해 믿음과 존경을 얻습니다. 이러한 사람은 성공할 가능성이 더 크며, 주변 사람들로부터 신뢰를 얻게 됩니다. 반대로 일을 게을리하고 항상 미루는 사람은 어떠한 일에서도 신뢰를 얻기 어렵습니다.

당신은 신뢰를 받는 사람이 되고 싶나요?
신뢰가 없는 사람이 되고 싶나요?

어렵게 생각할 필요가 없습니다. 아무리 작은 습관이라도 누구나 변화할 수 있습니다. 게으름이나 미루는 습관은 스스로 고칠 수 있으며, 이는 당신의 의지와 노력에 달려 있습니다. 성실함을 습관화하기 위해서는 우선 하루의 규칙을 세울 필요가 있

---

* 　　우(愚) 어리석음.

돈 많은 백수가 꿈인 청소년이 읽어야 할 이야기!

습니다. 가령 포스트잇에 하루의 일을 정리해서 써놓고 일을 해낼 때마다 하나하나씩 지워나가는 것이죠. 별일 아닐 것 같은 이러한 노력은 정말로 큰 변화를 가져올 수 있습니다. 왜냐하면 앞에서도 말했듯이 '하나를 보면 열을 알 수 있기' 때문이죠.

그러니 오늘 할 일은 지금 당장! 하는 습관을 들이세요. 오늘의 일을 내일로 미루면, 여러분에게는 오늘보다 더 많은 일과 책임이 기다리고 있을 수 있습니다. 그렇기에 지금 이 순간, 당신은 당신이 할 수 있는 모든 것에 최선을 다하며 살아가야 합니다.

작은 습관 하나하나가 모여 큰 변화를 만들어 냅니다. 여러분이 매일의 작은 행동에서 성실함을 보이면, 누군가는 그 진가를 반드시 알아주게 되어 있으며, 또 결과가 그것을 증명합니다.

하나를 보고 열을 아는 것,
그것은 바로 당신의 작은 행동에서 비롯됩니다.

내일을 위한 메시지

이야기의 주제와 관련해 나의 이야기를 마음껏 써보세요.
꿈에 한 걸음 더 다가가는 여러분만의 이야기를 만들어 보세요.

플렉스!
한탕주의가 부르는 재앙

비보이 댄서들이 화려한 동작을 쉽게 *구사하는 것을 보고 무턱대고 따라 하다가 크게 다칠 수 있습니다. 그들이 멋진 동작을 자연스럽게 해내는 이유는 수많은 땀과 노력의 결과물이라는 사실을 잊지 마세요. 여러분도 비보이 댄서들처럼 멋진 동작을 자유롭게 구사하고 싶다면 욕심을 잠시 내려놓고 기초부터 차근차근 밟아나가는 것이 중요합니다.

* 구사(驅使) 말이나 수사법, 기교, 수단 따위를 능숙하게 마음대로 부려 씀.

돈 많은 백수가 꿈인 청소년이 읽어야 할 이야기!

우리 사회에 *만연한 플렉스 문화와 한탕주의는 청소년들에게 매우 매력적으로 보일 수 있습니다. 누구나 비싼 차를 타고 좋은 집에서 살며, 명품을 소유하고 싶어 합니다. 이런 강렬한 소유욕은 우리 모두의 마음 한구석에 자리 잡고 있는 본능이기 때문이죠. 하지만 이러한 유혹에 너무 깊이 빠져들면 결국 자신을 파멸로 이끌 수 있는 재앙을 **초래할 수 있습니다.

일시적인 부의 매력에 현혹되지 말자

주식, 가상화폐, 로또와 같은 도박성 투자는 특히 젊은이들에게 큰 유혹이 됩니다. 도박성 투자에 빠진 사람들은 이런 투자로 큰돈을 번 몇몇 소수의 이야기를 듣고 대박을 꿈꾸기도 하며, 때로는 모든 것을 걸기도 합니다. 하지만 도박성 투자는 중독성이 강하고 한번 빠지면 탈출이 어려워집니다. 실제로 일확천금을 거둔 사람들조차도 그 돈을 오래 유지하지 못하고 결국 모든 것을 잃는 사례가 허다합니다.

운에 의존하는 삶의 위험성

쉽게 얻은 돈은 쉽게 사라지기 마련입니다. 순전히 운에 의한

---

* 만연하다 　전염병이나 나쁜 현상이 널리 퍼지다.

** 초래(招來) 　일의 결과로서 어떤 현상을 생겨나게 함.

결과는, 그 결과가 불안정하고 예측할 수 없기 때문에 큰돈을 벌었더라도 언제 어느 순간 썰물처럼 빠져나갈지 아무도 모를 일입니다. 만약 투자로 큰 수익을 얻었다 하더라도, 이는 끝이 아닌 또 다른 도박성 투자를 위한 새로운 시작일 뿐입니다. 그래서 계속된 투자는 결국 모든 것을 잃을 위험이 큰 것이죠.

절제와 계획적인 투자, 왜 중요할까?

진정으로 성공하고 싶다면, 도박성 투자보다는 계획적인 저축과 투자에 집중해야 합니다. 이는 단순히 경제적 안정을 위해서가 아니라, 정신적으로도 훨씬 건강한 선택입니다. 만약 미래를 위해 차곡차곡 모은 돈이 있는데, 도박성 투자로 한순간에 모든 걸 잃었다면 그 심정은 과연 어떨까요? 아마도 세상을 다 잃은 기분일 겁니다. 또다시 예전처럼 아끼고 절제하며 돈을 모았던 시절로 돌아가기도 힘들 것입니다. 왜냐하면 이미 도박성 투자의 마력에 끌려 중독이 되어버렸을 수도 있기 때문입니다. 그래서 투자를 하더라도 절제력을 기르고 미래를 위해 체계적으로 준비하는 것이 중요하다고 강조하는 것입니다.

소유욕을 넘어서

가진 것에 대해 감사하고 지금 가지고 있는 것에 만족하는 법을 배우는 것도 중요한 삶의 교훈입니다. 과거에는 갖고 싶어 했

돈 많은 백수가 꿈인 청소년이 읽어야 할 이야기!

던 것들을 지금 당신은 가지고 있을지도 모릅니다. 지난날을 돌이켜 보세요. 작은 것에도 기뻐했던 그때를 말입니다. 물론 욕심이 성장을 도울 수도 있습니다. 하지만 너무 많은 것을 바라는 것은 결국 스스로를 지치게 만들고 결국 파멸로 이끌게 됩니다.

여러분, 플렉스 문화의 매력에 빠져 한탕주의의 길을 선택하기 전에 자신에게 있어 진정한 가치가 무엇인지 고민하고 장기적인 목표에 대해 *심사숙고하길 바랍니다. 자신의 미래를 사랑하고 그 미래를 위해 현명하게 행동하는 것이 진짜 멋진 사람이 되는 길입니다.

---

*   심사숙고(深思熟考) **깊이 잘 생각함.**

이야기의 주제와 관련해 나의 이야기를 마음껏 써보세요.
꿈에 한 걸음 더 다가가는 여러분만의 이야기를 만들어 보세요.

일상에 지쳤다면,
나만의 여행이 필요한 때

아무리 좋아하는 일이라도 *슬럼프는 피할 수 없습니다. 갑자기 잘 되던 동작이 안 되어 넘어지는 순간이 있습니다. 다시 도전해도, 또 해봐도 여전히 넘어지고 다쳐서 감을 잃은 듯한 느낌을 받을 때도 있습니다. '도대체 뭐가 문제일까?' 스트레스를 받아 잠시 휴식을 가지며 생각을 정리한 결과, 연습이 안 될 때는 편하게 나만의 취미를 가지며 쉬거나, 다른 동작을 연습하는 것이 도움이 된다는 것을 깨달았습니다.

---

* 슬럼프(slump) 운동 경기 따위에서, 자기 실력을 제대로 발휘하지 못하고 저조한 상태가 길게 계속되는 일.

돈 많은 백수가 꿈인 청소년이 읽어야 할 이야기!

우리의 일상은 때때로 쳇바퀴처럼 반복되는 것처럼 느껴집니다. 학교, 학원, 과제… 반복되는 일상 속에서 우리는 답답함을 느끼며 종종 숨을 크게 쉬고 싶은 순간을 맞이하곤 합니다. 이런 순간, 우리에게 필요한 것은 바로 '나만의 여행'입니다.

꽉 막힌 일상 or 탁 트인 세상

일상이 때로는 너무 좁게만 느껴질 수 있습니다. 이럴 때 우리의 시야를 넓혀줄 필요가 있습니다. 나만의 여행이란 반드시 멀리 떠나는 것을 의미하지 않습니다.

취미를 통해 마음의 여유를 찾을 수도 있죠. 게임, 스포츠, 독서, 그림 그리기 등 여러분만의 취미 활동을 통해 일상의 스트레스에서 벗어나 보세요. 이러한 활동들은 삶에 활력을 불어넣고, 새로운 에너지를 제공합니다.

특히, 힐링이 필요할 때, 자신만의 취미를 즐기며 시간을 보내는 것은 마음의 여유를 되찾는 데 큰 도움이 됩니다. 예를 들어, 한 학생이 매일 방과 후 도서관에서 책을 읽는 시간을 가지면서, 학업의 부담감에서 잠시 벗어나 새로운 세계에 빠져보는 경험을 했습니다. 이 시간은 그에게 새로운 아이디어와 휴식을 제공했고 다음 날을 향한 에너지를 충전하는 계기가 되었습니다.

또한, 일상에서 벗어나 짧은 여행을 계획하는 것도 좋습니다. 집 근처의 공원에서 하루를 보내거나, 근처 도시로 소풍을 가는 것만으로도 일상의 틀을 깨고 새로운 활력을 얻을 수 있습니다.

굳이 친구들과 여럿이 다니지 않아도 됩니다. 혼자만의 시간을 가지면서 복잡한 생각도 정리하고 여유롭게 주변을 돌아보면서 나를 되돌아보는 시간을 마련하는 것도 좋습니다. 만약 혼자서 하기가 두렵다면 비슷한 생각을 공유한 친구와 함께 취미생활을 하거나 산책을 하면서 많은 대화를 하면 됩니다. 휴식을 취하면서 의미 있는 대화를 이어가면 새로운 활력을 얻을 수도 있고 내가 하는 일에 대한 용기도 얻을 수 있습니다.

차 한 잔의 여유로
삶의 활력을!

만약 시간이 많지 않다면, 집에서 차 한 잔의 여유를 즐기면서 잠시나마 일상을 잊는 것도 큰 도움이 됩니다. 경치 좋은 곳에서 차를 마시면 더욱 좋습니다. 따뜻한 차를 한 모금, 한 모금 마시면 피로가 싹 풀리고 나를 둘러싼 아름다운 경치에 복잡한 생각도 멀찍이 사라질 겁니다.

일상에 지쳤다면, 잠시 멈추어 나만의 여행을 계획해 보세요.

나만의 여행은 스트레스를 날려버리고, 더 좋은 생각을 깃들게 만드는 방법입니다.

일상에서 벗어나 자신만의 시간을 만끽하면서 내면을 충전하고 다시 일상을 향해 나아갈 수 있다면 더 힘찬 내일을 살아갈 수 있을 겁니다. 이것이 바로 진정한 휴식의 의미이며, 당신의 꿈과 희망을 향해 한 걸음 더 나아갈 수 있게 하는 원동력이 될 것입니다.

내일을 위한 메시지

이야기의 주제와 관련해 나의 이야기를 마음껏 써보세요.
꿈에 한 걸음 더 다가가는 여러분만의 이야기를 만들어 보세요.

세상에
완벽한 것은 없다

여러 사람이 같은 동작을 연습하여 완성한다고 해도, 완성되는 시간과 느낌은 사람마다 다를 수밖에 없습니다. 운동신경이 뛰어난 사람도 있을 것이고 부족한 사람도 있을 것입니다. 연습 시간 역시 각자 다를 것입니다. 남들보다 빨리해 내야 한다는 욕심보다는 소중한 나 자신을 바라보세요. 내 몸은 내가 가장 잘 알고, 얼마나 더 연습해야 이 동작을 쉽게 해낼 수 있을지 나 자신만이 알 수 있습니다. 조금 늦더라도 내가 이 동작을 해낼 수 있다는 것이 중요한 것입니다.

세상이 불공평하다고 느껴진 적이 있나요? 어떤 이는 흙수저

로 태어나 어려운 환경에서 시작하고, 다른 이는 금수저를 물고
태어나 더욱 많은 혜택을 누립니다. 이처럼 사람들은 저마다 출
발선이 다르다 보니, 때로는 현실에 대한 불만과 불공평을 탓하
며 자신이 위치한 곳에서 더 이상 발전하기 어렵다고 생각할 수
있습니다. 하지만 이러한 생각은 우리를 앞으로 나아가지 못하
게 하는 장애물이 됩니다.

세상에 유일한 것은
바로 나!

불공평한 세상은 엄연한 현실이지만, 그것에 어떻게 대응하느
냐가 중요합니다. 물론 세상을 탓하고 남을 비난하는 것이 쉬울
수 있습니다. 그러나 진정 중요한 것은 이러한 상황 속에서 어떻
게 자신의 위치를 개선하고 발전할 수 있느냐 하는 겁니다. 성장
의 첫걸음은 외부 조건을 탓하기보다는 자신의 생각과 태도를
바꾸는 데 있는 것이죠.

우리 모두의 존재는 고귀하고 각자의 삶에서 특별한 의미를
찾을 수 있습니다. 그래서 완벽하지 않은 세상을 인정하고 받아
들이는 것에서부터 시작해야 합니다.

우리는 완벽을 추구할 수는 있지만, 완벽한 사람이 되기 위해

완벽한 세상에서 살기를 기대해서는 안 됩니다. 오히려 조금 더 완벽에 가까워지기 위해 노력하는 것이 우리의 목표가 되어야 합니다.

세상이 완벽하지 않다는 것을 인정하고 받아들이는 순간, 우리는 진정한 성장의 길로 나아갈 수 있습니다. 세상을 탓하고 남을 비난하는 것은 쉬울 수 있지만, 그것은 우리 자신을 잃는 길이 될 수 있습니다. 대신, 우리는 우리가 처한 상황에서 최선을 다할 수 있는 방법을 찾아야 합니다.

세상을 바꾸기보다는
먼저 나의 생각을 바꿔야 합니다.

모두가 조금은 불완전한 세상에서 살고 있지만, 그 속에서도 우리 각자는 의미 있고 가치 있는 삶을 만들어 갈 수 있습니다. 세상에 완벽한 것은 없기에 우리는 그 불완전함을 받아들이고 그 안에서 최선을 다해 자신의 길을 찾아나갈 수 있습니다. 이러한 세상을 받아들이며 매일을 최선을 다해 살아간다면 우리는 자신의 존재를 더욱 풍요롭게 할 수 있을 겁니다.

내일을 위한 메시지

이야기의 주제와 관련해 나의 이야기를 마음껏 써보세요.
꿈에 한 걸음 더 다가가는 여러분만의 이야기를 만들어 보세요.

돈 많은 백수가 꿈인 청소년이 읽어야 할 이야기!

헤드스핀(고급 기술)을 하기 위해
헤드프리즈(기본기)를
얼마나 연습했을까?

일찍 일어나는 새가 벌레를
잡아먹을 수 있는 까닭

기회는 준비된 사람에게 주어집니다. 준비되지 않은 사람은 기회가 와도 그것을 알아채지 못하고 흘려보내기 쉽습니다. 남들보다 더 많은 노력과 시간을 투자한 사람은 기회가 왔을 때 그것이 좋은 기회임을 알고 놓치지 않으며, 결국 좋은 결과를 얻기 마련입니다.

"일찍 일어나는 새가 벌레를 잡는다."

이 속담은 우리에게 무엇을 말하려 하는 할까요? 간단히 말해, 기회는 준비된 자에게 찾아온다는 교훈을 담고 있습니다. 일찍 일어남으로써 우리는 남들보다 더 많은 시간을 활용할 수 있

돈 많은 백수가 꿈인 청소년이 읽어야 할 이야기!

고 이는 결국 성공으로 이어질 수 있는 기회를 얻을 수 있다는 겁니다.

세상에 시간만큼 공평하게 주어지는 것도 없습니다. 다만 각자에게 주어진 하루 24시간을 어떻게 활용하느냐에 따라 그 가치가 달라질 뿐이죠. 일찍 일어나는 습관을 들임으로써 우리는 그 시간을 최대한으로 이용해 개인적인 목표에 한 걸음 더 다가갈 수 있습니다.

예를 들어, 한 학생이 새벽 시간을 활용해 조용히 공부하는 것을 생각해 봅시다. 이 시간은 그가 주변의 방해를 받지 않고 집중할 수 있는 소중한 순간입니다. 남들이 아직 잠든 사이에 그는 이미 하루를 시작하여 학업에 필요한 준비를 마치고 있습니다. 이러한 행동은 시험 성적뿐만 아니라 자기 관리와 자기 훈련에 있어서도 그를 한 단계 높은 수준으로 이끌게 됩니다.

또한, 이러한 습관은 단순히 학업에 국한되지 않습니다. 취미나 건강 관리, 심지어 사회적 관계를 위한 시간으로도 활용될 수 있습니다. 일찍 일어나 조깅을 하거나, 아침의 여유를 가지고 가족과 대화의 시간을 갖는 것 등은 모두 개인의 삶의 질을 향상시키는 방법입니다.

남들보다 한 발 더 앞서가야
더 많은 것을 얻을 수 있습니다.

　하지만 일찍 일어나는 것이 모든 문제를 해결해 주지는 않습니다. 중요한 것은 이 시간을 어떻게 활용하느냐 하는 것입니다. 목표를 설정하고 그 목표에 집중하여 이른 아침 시간을 효율적으로 사용하는 것이 중요하다는 의미죠. 즉 일찍 일어나는 행동 자체보다는 그 시간을 어떻게 활용하느냐가 여러분이 생각해 봐야 할 일입니다.

　이처럼 일찍 일어나는 습관은 단순히 시간을 앞당겨 사용하는 것이 아니라, 여러분의 꿈과 목표를 향해 더 빠르고 더 멀리 나아갈 수 있는 발판을 마련합니다.

　당신이 이 습관을 통해 얻을 수 있는 것은 단지 시간의 확장뿐만 아니라, 인생에서의 성취감과 *자아실현의 토대를 마련해 줍니다. 일찍 일어나는 것은 성공을 향한 여정의 시작일 뿐, 그 여정을 어떻게 걷느냐가 정말로 중요한 문제입니다.

－－－－－－－－－－－－－－－－－－－－

＊　　자아실현(自我實現)　자아의 본질을 완전히 실현하는 일.

 　　　　　　　　돈 많은 백수가 꿈인 청소년이 읽어야 할 이야기!

원하는 것을 얻고 싶나요?

그렇다면 당신의 시작은 아침에 출발하여야 한다는 점을 기억하

세요.

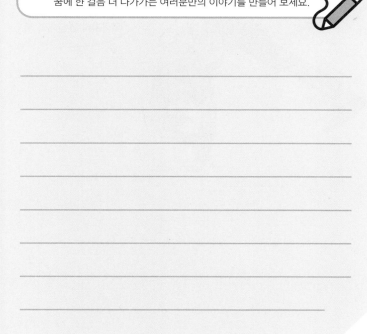

내일을 위한 메시지

이야기의 주제와 관련해 나의 이야기를 마음껏 써보세요.
꿈에 한 걸음 더 다가가는 여러분만의 이야기를 만들어 보세요.

자세가 흐트러지면
넘어질 뿐
다시 일어나 도전하면 되지만,
생각이 흐트러지면
무너지니 조심해야 해.

마음을 다스려야
오늘도 성장한다

힘든 동작을 연습하다 보면 잘되지 않아 스스로에게 화가 날 때가 있습니다. 하지만 화가 난다고 짜증을 내고 주변에 분노를 *표출하며 무리하게 연습을 강행하면, 오히려 몸과 마음만 다치게 됩니다. 그렇게 해서는 얻는 것이 없으며, 연습도 더 잘되지 않는 경우가 대부분입니다. 화가 날 때는 잠시 깊게 숨을 쉬고 충분히 안정을 취한 후 화가 완전히 가라앉았을 때 다시 연습을 시작하였습니다.

세상이 내가 바라는 대로만 되면 얼마나 좋을까요? 그런데 현

---

*   표출(表出)   겉으로 나타냄.

실은 우리가 마음먹은 대로 모든 것이 항상 계획대로 흘러가지만은 않습니다. 때로는 기대했던 것보다 더 좋은 결과가 우연히 찾아오기도 하고 때로는 예상치 못한 어려움에 부딪히기도 합니다. 이러한 불확실한 순간들 속에서는 마음가짐 하나가 우리의 일상을 크게 좌우할 수 있습니다.

화를 다스릴 줄 아는 마인드!
내 성장을 위한 첫걸음

많은 사람들이 일상의 소소한 성공이나 실패에 크게 *일희일비하곤 합니다. 하지만 이러한 감정의 롤러코스터는 우리에게 득이 되기는커녕 오히려 지치게 할 뿐입니다. 우리에게 진정으로 필요한 것은 상황에 휘둘리지 않고 중심을 잡는 능력입니다. 감정을 잘 다스리는 것이야말로 불안정한 환경 속에서도 성장할 수 있는 토대가 됩니다.

감정의 다스림은 화를 조절하는 것에서부터 시작됩니다. 화는 자연스러운 감정이지만, 제어되지 않으면 파괴적일 수 있습니다. 우리가 화를 다스릴 줄 안다면 좌절과 도전의 순간에도 흔들

---

* 일희일비(一喜一悲) 한편으로는 기뻐하고 한편으로는 슬퍼함. 또는 기쁨과 슬픔이 번갈아 일어남.

돈 많은 백수가 꿈인 청소년이 읽어야 할 이야기!

리지 않는 내면의 힘을 기를 수 있습니다. 이러한 자기 조절 능력은 더 많은 기회를 얻을 수 있으며 결과적으로 더 큰 성공으로 이어질 수 있습니다.

그렇다면 화는 어떻게 다스릴 수 있을까요? 일상적으로 명상을 한다거나 취미 활동에 몰두하거나 감정을 기록하는 일기를 쓰는 등 자기만의 방식을 찾는 것도 큰 도움이 됩니다. 이런 활동들은 마음을 진정시키고, 더 나아가 감정을 건강하게 표현하는 방법을 배울 기회를 제공하기도 하죠.

세상에 쉽게 이룰 수 있는 것은 없습니다.
흔들리는 마음을 다잡는 것,
작게 보이지만,
강인한 마인드 컨트롤이 필요합니다.

이뿐만이 아닙니다. 우리는 세상의 달콤한 유혹에 흔들리지 않는 강인한 정신도 필요합니다. 쉽게 얻을 수 있는 성공은 없습니다. 우리가 가는 성공의 길에는 너무나 달콤한 유혹들이 많습니다.

그러한 유혹을 물리치고 꾸준히 노력하는 것이 진정한 성공으로 가는 길입니다. 우리가 견고한 마음가짐을 유지할 때만이 일상의 소소한 유혹들로부터 우리는 자유로워질 수 있습니다.

마음을 다스리는 것은 자기 자신을 이해하고 성장시키는 과정에서 반드시 가져야 할 능력입니다. 스스로에게 질문을 던져보세요.

어떻게 하면 오늘 내 감정을 더 잘 다스릴 수 있을까?

자신의 질문에 답하면서 마음을 다스리다 보면 매일매일 조금씩 성장하는 자신을 발견할 수 있을 겁니다.
마음을 다스리는 법을 배우는 것은 단순히 편안함을 넘어서, 유혹에 흔들리는 자신을 통제하고 목표에 한 걸음 더 다가가는데 중요한 열쇠가 됩니다.

내일을 위한 메시지

이야기의 주제와 관련해 나의 이야기를 마음껏 써보세요.
꿈에 한 걸음 더 다가가는 여러분만의 이야기를 만들어 보세요.

진짜 멋진 사람은
자신을 꾸밀 줄 안다

연습할 때는 항상 편한 복장을 착용합니다. 그러나 공연을 할 때는 팀 단체복이나 각자의 개성을 살린 의상을 입어 관객들에게 시각적 즐거움을 더해줍니다. 눈에 띄게 염색을 하거나 독특한 색상의 옷을 입어 나를 표현하면, 점점 더 많은 사람들이 나를 기억해주기 시작합니다. 외적 가치는 우리의 성장을 돕는 중요한 역할을 합니다. 그러나 외적 가치를 꾸미기 전에 내적 가치를 잘 갖춘 사람이 되어야 외적 가치가 더욱 빛날 수 있다는 것을 잊지 마세요.

우리 사회는 때때로 사람의 겉모습에 과도한 가치를 부여하는 경향이 있습니다. 바로 외모지상주의입니다. 잘생기고 예쁜 사람을 *선망하고 그렇게 되는 것이 가장 큰 꿈인 양 많은 사람들이 외모 가꾸기에 집착합니다. 그런데, 외모만 뛰어나고 인성이 좋지 않다거나 내실을 갖추지 못했다면 이런 사람을 멋진 사람이라고 할 수 있을까요?

진정으로 멋진 사람이란 무엇일까요? 어렵게 생각할 필요가 없습니다. 최선을 다해 자신을 꾸밀 줄 아는 사람이 진정으로 멋진 사람입니다. 여기서 '자신을 꾸민다'라는 것은 외모뿐만 아니라 내면의 성장과 자기계발까지 아우르는 포괄적인 행위를 의미합니다.

진정으로 멋진 사람을 생각해 봤나요?
겉만 꾸미는 사람 vs 외면과 내면이 모두 아름다운 사람
여러분은 어떤 사람이 되고 싶나요?

첫인상은 누군가를 판단하는 데 큰 역할을 합니다. 반듯하고 깔끔한 외모는 상대방에게 긍정적인 신호를 보내고 대화를 시작하기에도 부담이 없습니다. 하지만 실제로 인간관계에서 오래 지속되고, 깊은 신뢰를 얻기 위해서는 외모 이상의 무언가가 필요합니다. 바로 자신의 행동, 말투, 심지어 생각하는 방식까지도

---

*   선망(羨望) 부러워하여 바람.

세심하게 가꾸어야 진정으로 멋진 사람입니다.

무엇보다 중요한 것은 자신의 내면을 가꾸는 것입니다. 자기 자신을 이해하고 자신의 강점을 발전시키며, 약점을 극복하기 위해 끊임없이 노력하는 사람은 특별히 외모에 신경을 쓰지 않더라도 멋져 보이기 마련입니다. 이러한 내면의 성장은 억지로 드러내지 않아도 자연스럽게 빛을 발하기 때문이죠.

가령 당신이 *자기계발을 위해 꾸준히 독서를 하고 다양한 사람들과 의미 있는 대화를 나누며 사회적 기술을 향상시키고 있다고 상상해 보세요. 이런 노력은 그 사람의 깊이를 더할 뿐 아니라, 타인과의 관계에서도 그 가치를 인정받게 됩니다. '와, 정말 자신을 위해 최선을 다하는 진정으로 멋진 사람이구나'하고 말이죠.

나 자신을 꾸미는 일을
습관으로 만들어 보세요.
내가 변하면, 나를 바라보는
타인의 시선도 변합니다.

---

*   자기계발   **겉으로 드러나지 않은, 자기의 재능 같은 것을 일깨워 주는 것.**

이렇듯 자신을 꾸미는 일은 단순히 겉모습에 국한되지 않습니다. 외모를 소중히 다루면서 동시에 감정, 지식, 사회성 등 내면의 요소들을 조화롭게 발전시키는 것이 진정으로 멋진 사람을 만듭니다.

자신을 아끼고 꾸미는 법을 배우면서 여러분 각자가 진정으로 멋진 인생을 설계하길 바랍니다. 미래를 향한 여정은 자신을 아름답게 꾸미고 사랑하는 데에서부터 시작합니다.

내일을 위한 메시지

이야기의 주제와 관련해 나의 이야기를 마음껏 써보세요.
꿈에 한 걸음 더 다가가는 여러분만의 이야기를 만들어 보세요.

돈 많은 백수가 꿈인 청소년이 읽어야 할 이야기!

성공을 위해
시기별로 해야 할 것들

10대 때는 꿈 없이 춤만 추며 보냈습니다. 그러다 20대가 되었을 때, 좋아하는 춤으로는 아무것도 할 수 없다는 현실에 부딪혔습니다. 돌이켜 생각해 보면, 10대 때부터 좋아하는 춤을 추면서도 미래를 함께 고민했다면, 더 나은 20대를 맞이할 수 있었을 것 같습니다. 선택은 여러분의 몫입니다. 지금부터라도 꿈을 향한 계획을 세우고 준비해 나가세요.

시간은 강물과도 같이 끊임없이 흘러갑니다. 당신이 이 책을 읽으며 자신의 미래를 그리는 이 순간에도 시간은 어김없이 흘러가고, 흘러간 시간은 되돌릴 수 없습니다. 짧다면 짧은 인생에서 우리는 무엇을 얻기 위해 이토록 발버둥 치며 살아가는 것일까요? 인생에는 정답이 없다고 하지요. 하지만 내 삶의 주인공으로서 각자의 삶에 대한 정답은 있을 듯합니다. 그래서 우리는 자신에게 주어진 시간을 소중히 여기며 노력하는 것이고 오늘보다 나은 내일을 향해 달려나가는 겁니다.

그렇습니다. 우리의 삶은 시간의 강을 따라 끊임없이 흘러갑니다. 그 강물이 때로는 빠르고 때로는 느리게 흐르듯, 우리의 인생에서도 다양한 시기와 그에 따른 중요한 결정들이 존재합니다. 성공을 향해 나아가기 위해서는 시기별로 무엇을 어떻게 준비해야 하는 것일까요?

성공을 위해 해야 할 것과 하지 말아야 할 것!

10대: 꿈의 기틀을 다지다

청소년기는 우리 인생의 기초를 다지는 시기입니다. 이때는 다양한 경험을 통해 자신의 꿈과 흥미를 탐색하는 것이 중요합니다.

학교는 사회의 축소판으로, 여기에서의 경험은 훗날 사회생활에 큰 도움이 됩니다. 어떤 사람들은 학교에 다니지 않고 빨리 내가 하고 싶은 일을 찾아서 그 일을 배운다면 더 빨리 목적지에 도달하지 않을까 하고 말하곤 합니다. 물론 그 말도 틀린 말은 아닙니다. 하지만 10대는 작은 바람에도 쉽게 흔들리고 넘어질 수 있기에 사회의 첫발을 학교에서의 배움을 통해 성장해 나가는 것이 필요합니다. 학교생활을 통해 사회성, 책임감, 협력 등의 기초적인 사회생활 능력을 키우면서 자신의 꿈을 키워나가면 성장과 함께 성공의 길에 들어설 수 있게 되는 것이죠.

때로는 10대 때 저지른 나쁜 일 때문에 평생을 후회하면서 살아가는 경우도 생길 수 있습니다. 학교에서 바른 것과 그렇지 못한 것을 구별해서 배우고, 자신의 관심사와 능력을 발견하고 나의 미래를 개척해 나갑시다!

20대: 경험 쌓기와 꿈의 현실화

10대가 사회생활의 *예행연습이었다면 20대는 학문적이거나 전문적인 지식을 **심화시키고 사회에 첫발을 디디는 시기입니다. 대학 교육이나 직업 훈련을 통해 전문성을 갖추고 인턴십이나 아르바이트 등을 통해 실무 경험을 쌓아야 합니다. 또한, 이 시기에는 네트워킹을 활발히 해서 인간관계를 넓혀 미래의 기회를 준비하는 것도 중요합니다.

---

*   예행연습(豫行演習)   어떤 행사를 갖기 전에 그와 똑같은 순서로 해보는 종합적인 연습.
**   심화(深化)   정도나 경지가 점점 깊어짐. 또는 깊어지게 함.

그리고 20대 때는 미성년자라는 이유로 해보지 못한 것들을 자유롭게 할 수 있는데, 내게 주어진 자유를 소중히 여기고 적극적으로 활용해 보길 바랍니다. 다만, 자유에는 책임이 따른다는 점을 반드시 알아야 합니다. 가령 클럽 등 유흥에 빠져 살게 되면 내가 꿈꾸던 미래는 더욱 멀어질 것입니다. 적당히 자신을 제어할 수 있을 만큼 즐기고 쾌락보다는 성공을 위한 작업에 더욱 정진할 수 있는 발판을 마련하는 것이 중요합니다.

만약 10대 때 명확한 꿈을 찾지 못했다면, 20대는 그 꿈을 발견하고 구체화하는 데 집중해야 합니다.

30대: 안정과 성장의 균형을 맞추다

30대는 어느 정도 자신의 경력이 정립되기 시작하는 시기로, 직업적 성취뿐만 아니라 개인적인 삶에서의 안정을 추구하기 시작합니다. 이 시기에는 전문성을 더욱 심화시키고 가족을 이루거나 사회적인 책임을 더 많이 지게 됩니다. 자신이 이룬 것을 바탕으로 더 높은 목표를 설정하고 이를 달성하기 위해 계속해서 노력합니다.

그런데 이때까지도 아직 꿈을 이루지 못했거나 이제 꿈을 이루기 위해 달려나가는 사람들이 있을 수도 있습니다. 이 사람들은 이미 안정된 기반을 마련한 사람들보다 더 많은 노력과 인내가 필요합니다. 시작이 절반이라는 말이 있듯이 더 늦기 전에 30

대 때는 반드시 목표를 정해 정진할 필요가 있습니다.

40대: 전문성의 정점과 리더십의 발휘

40대는 자신이 선택한 분야에서 전문성을 극대화하고 리더십을 발휘하는 시기입니다. 경력의 정점에 도달하여 중요한 프로젝트를 이끄는 등 책임감 있는 역할을 맡게 됩니다. 또한, 가정에서는 자녀들의 교육과 성장을 지원하면서 부모로서의 역할도 중요해집니다.

50대 이후: 후계 양성과 자신의 삶 재정립

주변의 많은 50대 선배들을 보면, 예전에는 오래 달릴 수 있었지만 50대 이후부터는 조금만 달려도 쉽게 지치게 됩니다. 욕심을 부려 더 많은 일을 하고 싶고, 더 많은 돈을 가지고 싶어도 생각만큼 몸이 따라오지 않습니다. 그래서 이 시기에는 꿈보다는 자기 자신을 챙기게 되는 것이죠.

우선 50대는 경력을 통한 성과를 확고히 하고 후계자를 양성하는 시기로, 직업적으로는 멘토링과 지식 전달에 중점을 둡니다. 그리고 개인적으로는 자신의 삶을 재정립하고 은퇴 후를 준비하는 단계로, 건강 관리, 취미생활, 여행 등 자신만의 시간을 가치 있게 사용할 계획을 세워야 합니다. 자신과 가족의 행복을 위한 미래에 대한 준비인 것이죠.

돈 많은 백수가 꿈인 청소년이 읽어야 할 이야기!

인생의 여정은 명확한 목표와 전략 없이는 종종 방향을 잃기 쉽습니다. 인생의 시기별로 집중해야 할 특정 목표를 잘 이해하고 준비하면 성공의 길로 한 걸음 더 나아갈 수 있습니다.

행복하고 만족스러운 삶을 위한 첫걸음.

당신은 어떤 계획을 세웠고

어떻게 실천하고 있나요?

내일을 위한 메시지

이야기의 주제와 관련해 나의 이야기를 마음껏 써보세요.
꿈에 한 걸음 더 다가가는 여러분만의 이야기를 만들어 보세요.

4장

너와 나, 함께
만들어 가는 미래

돈 많은 백수가 꿈인 청소년이 읽어야 할 이야기!

왜 나만 못난 걸까?
왜 쟤들은 잘난 걸까?

우리는 일상에서 다양한 사람들과 마주하며 살아갑니다. 나와 비슷한 환경에서 자라 크게 달라 보이지 않는 친구들이 있는 반면, 금수저를 물고 태어나 모든 면에서 나보다 뛰어난 것만 같은 친구들도 있습니다. 나보다 잘나 보이는 친구들을 보며 종종 이렇게 *자문하게 됩니다.

"왜 나만 못날까? 왜 쟤들은 잘난 걸까?"

이 질문은 누구나 한 번쯤은 가슴 속에 품어봤을 테지만, 도무

---

*   자문(自問) **자신에게 스스로 물음.**

지 답이 나오지 않는 물음입니다. 더군다나 이러한 생각은 우리의 마음을 더욱 무겁게 만들 수 있습니다.

물질적인 가치에 대한 집착

누구나 다른 사람들의 옷차림, 타고 다니는 차, 거주하는 집과 같은 물질적인 요소에 관심을 가집니다. 물질적으로 나보다 더 낫고 더 좋은 것이 있는 사람들에게 눈길이 가는 것은 당연합니다. 부러운 마음이 드는 것이죠.

하지만 이러한 부러움이 우리의 인생에서 얼마나 중요한 것일까요? 물질적인 소유물은 결코 한 개인의 전부를 나타내는 것이 아닙니다. 내면적으로 얼마나 단단한 마음을 가졌는지, 인생의 목표를 위해 얼마나 열심히 살고 있는지 등 물질적인 것 외에도 우리를 드러내어 주는 것도 많습니다. 오히려 물질적인 것보다 더 중요하다고 할 수 있죠.

타인과 비교하는 습관은 우리의 자존감을 크게 해칠 수 있습니다. 다른 사람들이 잘나 보일수록, 우리는 자신이 부족하다고 느끼고 이로 인한 불안감은 더욱 커지게 됩니다. 그런데 생각해 보면 우리는 서로 처한 환경과 상황이 전부 다릅니다.

누군가는 다른 사람보다 출발선이 앞에 있을 수도 있고, 누군가에겐 더 많은 물질적 풍요가 주어졌을 수도 있습니다. 각자의

돈 많은 백수가 꿈인 청소년이 읽어야 할 이야기!

사정을 고려하지 않은 채 오로지 물질적 기준으로 사람을 바라보면 자존감은 떨어지고 불안감은 커질 수밖에 없습니다.

나다움의 소중함

진정한 가치는 타인과의 비교가 아니라 자기 자신의 가능성을 *실현하는 데 있습니다. 우리 각자는 독특하며, 바로 이 독특함이 우리를 소중하게 만듭니다. 자신을 소중히 여기고 자신만의 길을 걸어가는 것이 진정한 의미에서의 성공으로 이어집니다.

남을 부러워할 시간에 미래를 위해 어떻게 한 걸음 더 나아갈 수 있을지 고민해 보세요. 나를 위한 진정한 준비는 현재의 자신을 받아들이고 미래를 위해 오늘을 어떻게 살아가야 할지 고민하는 것에서부터 시작됩니다. 우리가 가진 것에 감사하며, 현재의 삶을 충실히 살아가는 것. 이것이야말로 진정한 성장을 이루는 길입니다.

진실한 행복과 성공은 타인과의 비교가 아닌 자기 자신을 제대로 알고 사랑하는 데에서 비롯됩니다. '나는 나'라는 사실을 받아들이고 자신만의 삶을 긍정적으로 살아가는 것! 이것이 진

---

*   실현(實現)   꿈, 기대 따위를 실제로 이룸.

정한 멋진 인생을 만드는 비결입니다.

　자신의 가능성을 믿고, 오늘을 의미 있게 만들어 보세요. 우리 모두는 자신만의 속도로 성장하며 삶을 꽃피울 수 있습니다.

내일을 위한 메시지

이야기의 주제와 관련해 나의 이야기를 마음껏 써보세요.
꿈에 한 걸음 더 다가가는 여러분만의 이야기를 만들어 보세요.

돈 많은 백수가 꿈인 청소년이 읽어야 할 이야기!

나는 생각보다
가진 것이 많은 사람이다

우리는 종종 다른 사람들을 보며 부러움을 느낍니다. 그들이 입은 옷, 그들이 타는 차, 그들이 사는 집… 대부분의 사람들은 자신보다 풍요한 물질적인 소유물을 보면 '왜 나는 저것들을 가지지 못했을까?'라고 생각하곤 합니다. 부러움은 인간이라면 당연히 느끼는 감정이지만, 이 부러움이 심해지면 때로는 우리를 열등감으로 이어지게 합니다. 하지만 정말 중요한 것은 단순히 눈에 보이는 재산의 크기가 아닙니다.

많은 돈, 비싼 집, 외제 차? or 내 주변에 많은 사람들

모든 물질적인 것들은 결국 사람이 만들어 내고, 사람들로부

터 얻게 됩니다. 그래서 단순히 물질에 집착하기보다는 그것을 창출하는 사람과의 관계에 신경을 쓰는 것이 더 바람직합니다.

실제 사람과의 관계에서 오는 행복은 어떠한 물질적 가치보다 큽니다. 비싼 자동차나 거대한 집은 없더라도, 우리 주변에는 소중한 사람들이 있습니다. 소중한 사람들로 웃게 되고 어려운 일이 있을 때는 위로가 됩니다. 이러한 사람들과의 관계가 진정으로 내가 '가진 것'이고 물질적인 풍요로움도 사람들과의 진정한 관계 이후에 비롯됩니다.

재산보다 더 중요한 것

물론 재산을 많이 가진다는 것은 개인적으로 좋은 일일 수도 있지만, 그것에만 집중하는 것은 위험합니다. 물질적인 것들은 언제든지 사라질 수 있고 때로는 우리를 더 큰 스트레스 속으로 밀어 넣을 수 있기 때문이죠.

물질적인 것과는 다르게 내 주변의 소중한 관계는 내가 그들을 소중히 여기는 한 변함이 없습니다. 변함없이 나를 사랑해 주고 나의 미래를 지지하는 소중한 사람들과의 추억이야말로 우리의 삶을 더욱 풍요롭게 만드는 진정한 보물입니다.

내가 생각보다 많은 것을

가진 사람이란 걸 깨닫는 순간,

시기, 질투의 감정은 금세 사라질 것입니다.

　이제 나의 주변을 둘러보고 우리가 정말로 가진 것이 무엇인지 생각해 볼 필요가 있습니다. 가진 것이 많지 않다고 느끼는 순간에도 사랑하는 사람들과 함께라면, 우리는 이미 많은 것을 가진 셈입니다. 우리의 가치는 소유한 물건의 양이 아니라, 우리가 얼마나 많은 사람들과 소중한 관계를 유지하고 있는지에 달려 있습니다.

　이 사실을 깨닫고 나면, 여러분도 진정으로 부유한 사람이라 할 수 있을 겁니다. 물질적인 것을 초월한 진정한 부를 경험할 수 있을 테니 말이죠.

내일을 위한 메시지

이야기의 주제와 관련해 나의 이야기를 마음껏 써보세요.
꿈에 한 걸음 더 다가가는 여러분만의 이야기를 만들어 보세요.

빨리 가고 싶으면 혼자 가고
멀리 가고 싶으면 함께 가라!

    인생은 마라톤과 같습니다. 시작점에서 누구나 최대한 빨리 결승점을 향해 달려가고 싶어 합니다. 하지만 무작정 빨리 달리는 것만이 능사는 아니죠. 기본적인 체력이 없고 욕심만 앞서다 보면 힘껏 달리다가 이내 지쳐버릴지도 모를 일입니다. 그래서 우리는 목표를 향해 달릴 때도 달리는 과정을 깊이 고민해 봐야 합니다.

누구에게나

빨리 가고 싶은 유혹은 있습니다.

    새해가 되면 우리는 많은 다짐을 합니다. "올해는 꼭 운동을 시작하겠다.", "새로운 취미를 찾겠다.", 혹은 "좋은 대학에 진학하겠다."와 같은 목표들입니다. 이는 모두 우리가 달성하고자 하는 크고 작은 목표들입니다. 그런데 이 길을 혼자 빠르게 달리려하면 어떤 일이 벌어질까요? 아마도 금방 지치고 주변에 아무도 없는 자신을 발견하며 외로워질 것입니다.

예를 들어, 체육관에 처음 가입했을 때 그 열정이 몇 주 지나지 않아 사그라들 때의 경험을 떠올려 보세요. 목표라는 것은 초기의 열정만으로는 오래 지속하기 어렵습니다. 그래서 자신의 열정을 지지해 주고 함께 보조를 맞춰 나아갈 수 있는 동반자가 필요한 법이죠.

함께 걷는 길의 가치

영화 제작팀을 생각해 보십시오. 감독, 배우, 작가, 그리고 기술팀 등 다양한 사람들이 모여 하나의 목표를 이룹니다. 각자의 역할과 재능이 조화를 이루어 멋진 작품을 만들어 내는 것이죠. 혼자서는 도저히 해낼 수 없는 일을, 이렇게 팀으로 이루어 냅니다.

등산을 할 때도 마찬가지입니다. 등산에 익숙한 사람이라면 혼자서 빠르게 정상에 오를 수는 있지만, 길을 잃거나 부상을 당했을 때는 큰 어려움에 처할 수 있습니다. 반면에 친구나 가족과 함께라면 서로를 *격려하고 지원하면서 힘든 순간들을 함께 극복할 수 있습니다. 또한, 서로 다른 경험과 지식을 공유하면서 더 나은 경로를 찾을 수도 있습니다.

멀리 가려면 함께 가야 합니다.

목적지에 도착하는 것도 중요하지만, 그 여정에서의 경험과 배움, 그리고 동행하는 이들과의 관계가 진정한 의미를 가집니다. 즉 빠르게 가는 것도 좋지만, 멀리 가고 싶다면 서로 의지하고 함께 나아가야 한다는 말입니다. 이것이 바로 지속 가능하고 의미 있는 여정을 만드는 비결입니다.

당신의 인생 여정에서 누군가와 함께한다면 그 길이 더욱 풍부하고 가치 있는 기억으로 남을 것입니다.

----

*   격려(激勵)   용기나 의욕이 솟아나도록 북돋워 줌.

내일을 위한 메시지

이야기의 주제와 관련해 나의 이야기를 마음껏 써보세요.
꿈에 한 걸음 더 다가가는 여러분만의 이야기를 만들어 보세요.

돈 많은 백수가 꿈인 청소년이 읽어야 할 이야기!

옛말에 벼는 익을수록
고개를 숙인다고 했어!
항상 겸손 잊지 마!

성장하고 성숙할수록
고개를 숙인다

옛 속담에 "벼는 익을수록 고개를 숙인다."라는 말이 있습니다. 성장하고 성숙한 사람은 꽉 찬 내면으로 겸손함을 가지게 된다는 것을 의미하지요. 그런데 여러분과 여러분의 주변에는 이속담대로 겸손한 사람이 더 많나요, 아니면 작은 것이라도 자랑부터 하는 사람이 많나요?

일상 속의 자만과 겸손,
당신은 어떤 태도를 가지고 있나요?

우리는 종종 주변 사람들에게 자신의 성취를 자랑하곤 합니다. 시험에서 100점을 받아 1등을 했거나, 스포츠 경기에서 우승

돈 많은 백수가 꿈인 청소년이 읽어야 할 이야기!

하는 등의 성과를 내세우면서 말이죠. 물론 자랑할 만한 일이고, 자랑하고 싶은 마음도 이해합니다. 그런데 이러한 자랑은 자신감의 *발현일 수 있지만, 때로는 다른 이의 열등감을 자극할 수도 있습니다.

진정한 성숙은 자만을 넘어서는 것에서 시작됩니다. 그래서 대부분 성공한 이들은 자신의 성취를 겸손하게 받아들이고 이를 통해 더 큰 가치와 깊은 인간관계를 형성하는 법을 알고 있는 것이죠.

실제로 성공한 많은 사람들은 **공공연히 겸손의 미덕을 강조합니다. 그들은 자신의 위치가 높아질수록 낮은 자세를 유지하려 노력하며, 이는 다른 사람들로부터 존경과 신뢰를 얻는 원동력이 됩니다.

특히 높은 자리에 오른 사람일수록 겸손한 태도는 더욱 중요해집니다. 남들이 자연스럽게 인정해 주는 위치에서 굳이 자신의 우월함을 과시할 필요가 없기 때문입니다. 과시하지 않아도 되는데, 구태여 자랑이나 과시를 일삼는 사람을 주변 사람들은 진심으로 좋아하고 그 가치를 인정해 줄까요?

---

*   발현(發現)   속에 있거나 숨은 것이 밖으로 나타나거나 그렇게 나타나게 함. 또는 그런 결과.

**   공공연히   숨김이나 거리낌이 없이 그대로 드러나게.

내가 잘난 것을 굳이 잘났다고
떠들고 다닐 필요는 없습니다.

성공은 순간이 아니라 지속하는 것이 중요합니다. 지속하는 성공적인 삶을 유지하려면 항상 남의 얘기를 경청하고 자신의 말을 줄이는 것이 필요합니다.

다시 한번 강조하겠습니다. 벼는 익을수록 고개를 숙입니다. 당신의 내면이 성숙한 씨앗으로 가득 찼다면 남들에게 굳이 그것을 알릴 필요가 없습니다. 내면의 씨앗은 당신이 일상적으로 하는 행동과 말, 성과에서 드러나기 마련입니다.

내일을 위한 메시지

이야기의 주제와 관련해 나의 이야기를 마음껏 써보세요.
꿈에 한 걸음 더 다가가는 여러분만의 이야기를 만들어 보세요.

_____

_____

_____

_____

_____

_____

_____

_____

_____

_____

_____

돈 많은 백수가 꿈인 청소년이 읽어야 할 이야기!

너와 나의
생각이 다르다면?

　우리는 매일 수없이 많은 사람들과 대화를 나누며 살아갑니다. 사람들은 대화를 통해 많은 정보를 교환하고 다양한 생각을 공유하게 됩니다. 그런데 때로는 상대방의 의견이 내 생각과 크게 다를 때가 있습니다. 이는 개인의 삶의 경험, 가치관이 다르기 때문에 자연스러운 현상입니다. 그러나 문제는 생각의 차이를 인정하지 않는 태도에 있습니다.

다름을 인정하는

대화의 기술을 익혀야 합니다.

　대화에서 중요한 것은 상대방의 의견을 존중하고 상대를 이해하려는 노력입니다. 사람마다 성장한 배경이 다르기에 그로 인해 형성된 생각이 다를 수밖에 없습니다. 그래서 누군가의 의견이 나와 다르다고 해서 그 사람이 틀렸다고 단정 지을 수는 없습니다.

예를 들어, 학교에서 선생님과 학생 간의 의견 차이가 있을 수 있습니다. 물론 삶의 경험이 많은 선생님의 의견이 더 타당할 수는 있지만, 선생님도 학생의 입장에서 학생이 왜 그런 의견을 가지게 되었는지 더 생각해 보고 이해하려는 노력이 필요한 것이죠.

갈등이 있을 수는 있습니다.
하지만, 그것을 극복하는
소통의 태도는 갖춰야 할 덕목입니다.

갈등은 대화의 어려움을 불러올 수 있습니다. 하지만 이를 해결하는 열쇠는 서로의 다름을 인정하고 이를 존중하는 것에서부터 시작됩니다. 다른 사람의 생각을 경청하고 그 의견을 고려하면서 대화를 이어가는 것이 중요합니다. 이러한 과정을 통해 더욱 깊이 있는 인간관계를 맺을 수 있으며, 사회적인 삶에서도 성숙한 태도를 갖출 수 있습니다.

학교나 가정에서 부모와 자녀 간, 또는 친구들 사이에서 의견이 다를 때, 각자의 입장에서만 고집하지 않고 서로의 생각을 이해하려고 노력할 때 관계는 더욱 돈독해질 수 있습니다. 이런 상황에서 중요한 것은 자신의 의견을 *관철시키려고 하기보다는 상대방의 의견에 귀 기울이며 공감대를 형성하는 것입니다.

당신에게 대화의 의미는 무엇인가요?

대화는 단순히 말을 교환하는 것이 아니라, 서로의 생각과 감정을 나누는 귀중한 시간입니다. 그렇기에 더더욱 상대방의 의견이 나와 다르다 할지라도 이를 존중하고 이해하려는 태도가 필요한 것이죠. 이는 공동체 사회에서 우리 모두가 보다 성숙한 개인으로 성장하는 데 중요한 역할을 합니다.

모두가 다름을 인정하고 이해하는 그날까지, 서로를 위한 배려와 존중의 마음을 잊지 말아야 할 것입니다.

---

*   관철(貫徹)   어려움을 뚫고 나아가 목적을 기어이 이룸.

내일을 위한 메시지

이야기의 주제와 관련해 나의 이야기를 마음껏 써보세요.
꿈에 한 걸음 더 다가가는 여러분만의 이야기를 만들어 보세요.

_____

_____

_____

_____

_____

_____

_____

_____

_____

_____

_____

_____

_____

기분 좋은 말은 기분 좋은 말로,
상처 주는 말은 상처 주는 말로
나에게 돌아오게 되어 있어.

남 얘기 좋아하는 사람을
대하는 지혜로운 방법

학교, 회사, 동아리 등 어디서든 쉽게 남 이야기를 나누는 모습을 볼 수 있습니다. 비록 내가 대화를 주도하지 않아도 무리를 지어 대화를 나누다 보면 자연스럽게 그 자리에 없는 사람의 험담을 하는 경험을 할 수 있게 되죠. 남 얘기는 대개 좋은 내용이 없습니다. 대부분은 불필요하거나 심지어 듣기에 거북한 이야기들입니다.

> "야! 너 그거 알아? 걔가 그랬대!"
> "너 그 소식 들었어? 그 친구 그렇게 안 봤는데, 어쩜 그럴 수가 있지?"

 돈 많은 백수가 꿈인 청소년이 읽어야 할 이야기!

사람들은 왜 남의 이야기하는 것을 좋아하는 걸까요? 이유는 다양합니다. 그중 하나는 타인을 *격하함으로써 상대적으로 자신의 위치를 높게 평가하려는 욕구에서 비롯됩니다. 또 다른 이유는 단순한 호기심 또는 대화 소재의 부족일 수도 있습니다. 하지만 이러한 남 얘기하는 습관은 종종 부정적인 결과를 **초래합니다.

만약 친구들 사이에서 내 친한 친구의 흉을 본다고 생각해 보세요. 여러분은 사랑하는 친구가 없는 곳에서 출처도 알 수 없는 소문으로 나쁜 인식이 쌓이고 있다면 어떻게 반응하겠나요? 대화에 끼지 않으면 말하는 사람을 무시하는 듯 보이고 대화에 적극적으로 나선다면 나도 함께 내 친구를 험담하게 되는 것인데… 나는 어떻게 하는 것이 현명한 처신일까요?

만약 누군가가 남의 이야기를 시작한다면, 대화의 주제를 적극적으로 바꿔보는 것이 현명합니다. 예를 들어, 대화가 특정인의 부정적인 면에 집중될 때 말하는 사람의 이야기를 무시하지 않으면서 자연스럽게 이야기에 오른 사람의 긍정적인 특성이나 다른 주제로 이야기를 유도할 수도 있습니다.

---

*   격하(格下)   자격이나 등급, 지위 따위의 격이 낮아짐. 또는 그것을 낮춤.
**   초래(招來)   일의 결과로서 어떤 현상을 생겨나게 함.

처음에는 쉽지 않겠지만, 험담하는 내용이 나올 때마다 좀 더 자연스러워지려고 노력하다 보면 그리 어렵지 않게 분위기를 전환할 수 있을 겁니다.

미꾸라지 한 마리가 물을 흐리듯

소문이나 험담은 한 사람의 어리석은 작은 행동에서 시작되어 큰 파문을 일으킬 수 있습니다. 대화를 이어가다 보면 자신도 모르게 부정적인 영향을 받을 수 있으므로, 이러한 대화에서는 물러서는 것이 중요합니다.

남 이야기에 참여하는 것은 때때로 예상치 못한 방식으로 자신에게 돌아올 수 있습니다. 오늘 당신이 누군가에 대해 한 말이 내일은 당신에 대한 이야기가 될 수 있다는 점을 기억하십시오. 인생은 부메랑과도 같아서 선한 일을 하면 좋은 일이 생기고, 악행을 반복하면 나쁜 일이 생기기 마련입니다.

우리는 다른 사람의 삶에 대해 *재단하고 평가하기보다는 각자의 삶과 생각을 존중할 필요가 있습니다. 쓸데없이 남 얘기에 귀를 기울이기보다 나의 성장과 발전에 더 집중해서 더 의미 있

---

* 　재단(裁斷)　옳고 그름을 가려 결정함.

　　　　　　　　　　　돈 많은 백수가 꿈인 청소년이 읽어야 할 이야기!

고 긍정적인 삶을 살아가길 바랍니다.

그리고 대화는 *상호작용이기에 상대방의 입장에서 생각하고 이해와 존중을 바탕으로 건강한 이야기를 이어가야 합니다. 이것이 지혜로운 삶을 살아가는 방법입니다.

내일을 위한 메시지

이야기의 주제와 관련해 나의 이야기를 마음껏 써보세요.
꿈에 한 걸음 더 다가가는 여러분만의 이야기를 만들어 보세요.

_____

_____

_____

_____

_____

* 상호작용(相互作用) 사람이 주어진 환경에서 다른 사람이나 사물과 서로 관계를 맺는 모든 과정과 방식.

돈 많은 백수가 꿈인 청소년이 읽어야 할 이야기!

현명하게
거절하는 법

"내가 요즘 사정이 안 좋아서 그런데 돈 좀 빌려줄 수 있어?"

"과제를 못 했는데, 내가 보상할 테니 네가 좀 해줄 수 있어?"

"네가 가진 게 더 좋아 보이는데, 내 것과 바꿔줄 수 있어?"

사람들은 삶을 살아가면서 친구, 가족, 동료로부터 수많은 요청과 부탁을 받게 됩니다. 어떤 부탁은 기꺼이 수락할 수 있지만, 또 어떤 부탁은 내키지 않거나 사정이 되지 않아 거절해야할 수도 있습니다. 예를 들어, 친구가 경제적으로 어려운 시기에 큰 금액을 빌려달라고 할 수도 있죠. 마음 같아서는 부담되는 돈이 아니라면 그냥 줄 법도 하지만, 빌려달라는 금액이 크면 어쩔수 없이 거절해야 하는 상황입니다.

그런데 누군가의 부탁을, 특히 친한 사람일수록 거절하는 것은 쉽지 않은 일입니다. 부탁하는 사람의 요청이 감당하기 어려운 일이거나, 자신의 원칙과 가치에 반하는 경우라면 더욱 거절하기가 힘들어지죠. 하지만 'NO'라고 말해야 할 때라면 정확하게 "아니오."라고 말할 줄도 알아야 합니다. 왜냐하면 자신의 한계와 사정을 알고 거절할 줄 아는 것은 건강한 인간관계를 유지하는 데 필수적이기 때문입니다.

어떻게 하는 것이 현명하게 거절하는 방법일까?

거절할 때는 항상 정중하고 명확하게 이유를 설명하는 것이 중요합니다. 예를 들어, 친구가 큰돈을 빌려달라고 했을 때 "지금은 나도 정말 어려운 시기라, 빌려줄 수 있는 위치에 있지 않아."라고 말하는 것이 좋습니다. 그리고 "내가 *융통할 수 있을 정도의 돈이라면 빌려주기보다 그냥 줄 수도 있을 것 같은데, 네가 부탁한 금액은 지금 내게는 불가능한 것 같아."라고 덧붙이면 친구도 당신의 입장을 이해하는 데 도움이 될 것입니다.

물론 거절 후에 상대방과의 관계가 어떻게 될지도 걱정이 될

---

*　　융통(融通) 금전, 물품 따위를 돌려씀.

돈 많은 백수가 꿈인 청소년이 읽어야 할 이야기!

겁니다. 하지만 진실하고 성실하게 거절하면, 오히려 관계가 더욱 깊어질 수 있습니다. 상대방이 진정으로 당신을 존중한다면 당신의 결정을 이해하고 받아들일 테니까요.

자신의 한계를 알고 거절하는 것은 또 다른 자기 존중의 표현입니다. 당신이 스스로를 소중히 여길 때 다른 사람들도 당신을 더욱 존중하게 됩니다.

인생에서 현명하게 거절하는 법을 배우는 것은 쉽지 않지만, 꼭 필요한 기술입니다. 이를 통해 우리는 더 건강하고 더 행복하며, 더 균형 잡힌 삶을 *영위할 수 있습니다. 거절은 단순히 "아니오."라고 말하는 것이 아니라, 자신의 가치와 우선순위를 지키는 행위입니다. 여러분은 현명하게 거절하는 법을 터득해서 자신의 삶을 더욱 풍요롭게 만들어 가길 바랍니다.

---

*   영위(營爲) **일을 꾸려나감.**

내일을 위한 메시지

이야기의 주제와 관련해 나의 이야기를 마음껏 써보세요.
꿈에 한 걸음 더 다가가는 여러분만의 이야기를 만들어 보세요.

돈 많은 백수가 꿈인 청소년이 읽어야 할 이야기!

세상 모든 사람들은
모두 존중받고
사랑받아야 마땅한
소중한 존재란 걸 기억해!

마주치기 싫은 사람, 먼저 다가가 인사하자

세상에는 정말로 아주 다양한 성격의 사람들이 존재합니다. 흔히 사람의 성격을 이야기할 때 MBTI로 그 사람을 규정하곤 하는데, MBTI가 성격을 탐색하는 데 유용한 도구가 되긴 하지만 세상 모든 사람을 16가지의 틀로 설명하기에는 부족함이 있지요. 그래서 우리가 일상에서 마주치는 모든 사람의 생각이나 행동양식이 나와 일치할 수는 없습니다. 사람들은 각자의 독특한 삶을 살아가고 있기 때문입니다.

닫힌 마음의 문은 어떻게 열 수 있을까요?

그런데 우리는 종종 다른 사람들과의 여러 차이점 때문에 그들과의 거리를 두려고 합니다. 뜻이 맞지 않아 기분이 나쁘다고 함께 있어도 없는 사람 취급을 하거나 주변 사람들에게 "그 사람은 나랑 잘 맞지 않아."라고 말해본 경험은 다들 있을 겁니다.

하지만 인간관계에서 성숙하고 지혜로운 사람은 자신과 다른 사람들을 포용할 줄 아는 사람입니다. 마주치기 싫은 사람일지라도 싫은 티를 팍팍 내기보다는 먼저 다가가 가볍게 인사할 줄 아는 *포용력 말입니다.

싫은 사람과도 함께할 줄 알 때
당신은 큰 성장을 배우게 됩니다.

마주치기 싫은 사람이라 할지라도 먼저 다가가 인사하는 것은 어색한 상황을 긍정적으로 변화시킬 수 있는 마법이 됩니다. 인사는 단순한 말이 아니라, 상대방에 대한 존중과 개방의 표시입니다. 이 작은 행동 하나가 두 사람 사이의 긴장을 완화시키고 서로를 이해하는 데 도움을 줄 수도 있는 것이죠.

상대방과의 관계에서 존중은 매우 중요합니다. 서로 다른 의견이나 생각을 가진 사람들 사이에서도 존중을 기반으로 한 대화는 더 나은 이해와 협력을 이끌어 낼 수 있습니다. 그래서 상

---

* 　포용력(包容力) 남을 너그럽게 감싸 주거나 받아들이는 힘.

대방이 당신과 다르다고 해서 배제하기보다는 그 차이를 인정하고 존중해야 하는 겁니다.

인간은 예외 없이 사회적인 존재입니다. 내 주변의 인간관계는 매우 중요한 자산이며, 다양한 사람들과의 긍정적인 관계는 우리 자신의 성장과 발전에 크게 *기여합니다. 특히 마주치기 싫은 사람에게 먼저 다가가는 것은 자신의 사회적 능력을 확장하고 나아가 꿈과 희망을 실현하는 데 도움이 될 수 있습니다.

우리는 누구나 사회 속에서 서로 다른 사람들과 어울려 살아가야 합니다. 따라서 다양한 사람들을 수용하고 그들과의 긍정적인 관계를 유지하는 것은 원만한 사회생활을 위한 필수 **덕목입니다.

마주치기 싫은 사람에게도 먼저 다가가 인사할 수 있는 용기와 지혜를 가진 사람!
여러분은 정말로 인생에서 큰 것을 얻을 것입니다.

---

*   기여(寄與)   도움이 되도록 이바지함.
**   덕목(德目)   충(忠), 효(孝), 인(仁), 의(義) 따위의 덕을 분류하는 명목.

돈 많은 백수가 꿈인 청소년이 읽어야 할 이야기!

내일을 위한 메시지

이야기의 주제와 관련해 나의 이야기를 마음껏 써보세요.
꿈에 한 걸음 더 다가가는 여러분만의 이야기를 만들어 보세요.

_____

_____

_____

_____

_____

_____

_____

_____

_____

_____

_____

_____

_____

_____

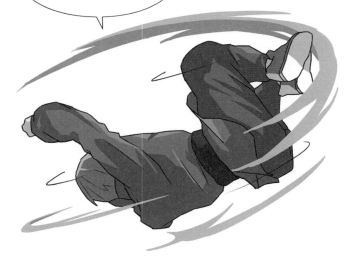

타인에게 보여준 작은 정성, 큰 사랑으로 돌아온다

진심이 담긴 선물의 마법,

작은 정성은 반드시 큰 사랑으로 돌아옵니다.

누구나 선물을 받았을 때의 기쁨을 잘 알고 있습니다. 만약 그 선물이 진심을 담은 누군가의 작은 정성이라면 더욱 가치 있게 다가오죠. 자판기에서 뽑은 커피 한 잔이라도 그것이 진심에서 우러나와 상대방에게 전달된다면 큰 기쁨이 될 수 있습니다.

관계를 유지하고 발전시키는 데 있어 진정성은 필수적입니다. 사소한 친절이나 작은 선물 하나가 상대방에게 긍정적인 영향을 끼치는 것을 넘어, 나중에는 예상치 못한 방식으로 돌아오곤 합니다. 이것이 바로 작은 정성이 큰 사랑으로 돌아오는 과정입니다.

굳이 물질적인 것이 아니더라도 우리가 나눌 수 있는 것은 많습니다. 안부 전화, 안부 문자, 친절, 시간, 관심 등은 비용이 들지 않으면서도 다른 사람의 삶에 큰 변화를 줄 수 있습니다. 이러한 나눔은 공동체 전체에 긍정적인 에너지를 줄 수 있으며 결국에는 나에게도 긍정적으로 돌아오게 되어 있습니다.

인간관계에서는 단기적 이익을 추구하기보다는 장기적으로 어떻게 그 관계를 잘 유지할 것이냐 하는 것에 중점을 둬야 합니다. 실제로 깊이 있는 관계는 시간이 흘러도 그 가치가 변하지 않으며, 종종 예상치 못한 순간에 큰 도움으로 다가옵니다.

알고만 있으면 아무 소용이 없습니다.
지금 당장 소중한 사람들에게 작은 정성을 보이세요.

어떤 일이든 머릿속으로 알고 있는 것이 아니라 실천하는 것이 더 중요합니다. 일상에서 마주치는 사람들에게 작은 정성을 보여주는 것에서부터 시작해 보세요. 그것이 씨앗이 되어 결국 큰 사랑의 나무로 자라나 당신의 삶을 아름답게 만들 겁니다.

사소한 정성도 모이면 큰 힘을 발휘합니다. 오늘 당장 실천한다면 작은 정성이 큰 사랑으로 돌아올 날이 반드시 있을 겁니다.

내일을 위한 메시지

이야기의 주제와 관련해 나의 이야기를 마음껏 써보세요.
꿈에 한 걸음 더 다가가는 여러분만의 이야기를 만들어 보세요.

돈 많은 백수가 꿈인 청소년이 읽어야 할 이야기!

나눌수록 커지고
짊어질수록 힘들어진다

흔히들 인생이란 행복과 고통의 교차점에 있다고 말하곤 합니다. 누구나 행복과 불행한 일을 겪으면서 살아가기 때문이죠.

행복하고 즐거웠던 일들을 누군가와 함께 나누면 행복은 배가 될 테고 불행하거나 운이 좋지 않았던 일들도 누군가와 함께 나눈다면 반으로 줄어들게 될 겁니다. 행복이든 불행이든 혼자보다는 함께하는 게 더 낫다는 의미인 것이죠.

행복 나누기!
더 널리 퍼지는 힘

누구나 일상에서 크고 작은 행복을 경험합니다. 예를 들어, 고등학생인 한 여학생은 교내 수학 경시대회에서 1등을 해서 큰 기쁨을 느꼈습니다. 그녀는 이 행복을 친구들과 함께 나눴고 그 기쁨은 그녀를 소중히 여기는 많은 사람에게로 퍼져나갔습니다. 이처럼 행복은 나눌 때 그 기쁨은 단순히 배가 되는 것이 아니라, 공동체 전체에 긍정적인 에너지를 높이는 결과를 가져옵니다.

아픔 나누기!
혼자가 아니라 다행이야.

반면, 아픔을 혼자서 짊어지려 할 때의 그 무게는 종종 우리를 짓누릅니다. 대학생인 한 친구는 가족의 경제적 어려움을 혼자서 해결하려 했습니다. 아르바이트하며 학비를 벌며, 남은 돈으로는 가족 생활비에 보탰습니다. 그런데 시간이 지나도 형편은 나아질 기미를 보이지 않게 되자, 그 부담감은 그를 지치게 만들었습니다.

힘든 상황에 너무나 지친 이 친구는 혼자 짐을 짊어지다가 우연히 멘토와 상담을 하게 됩니다. 대화를 이어가며 자신의 상황을 공유했을 때, 선배는 여러 지원 방안을 제시했고 그 친구의 부담은 크게 줄어들었습니다. 이처럼 아픔은 나눌 때 심리적 부담이 크게 줄게 되고 그로써 문제의 해결책도 더 쉽게 찾을 수 있게 됩니다.

돈 많은 백수가 꿈인 청소년이 읽어야 할 이야기!

행복이든 불행이든
나눌수록 꽃피는
나눔의 효과를 기억하세요.

행복과 고통을 주변 사람들과 나누는 것은 단순히 더 큰 힘을 얻거나 짐을 덜어내는 데 그치지 않습니다. 나눔은 더불어 사는 세상에 더 가까이 다가가는 과정이고, 우리의 삶을 풍요롭게 하는 원동력입니다.

이를 통해 우리는 더 큰 행복을 느끼고 더 적은 고통 속에서 살아갈 수도 있습니다. 여러분은 나눔의 효과를 잊지 말고, 서로에게 손을 내밀어 함께 성장하고 발전하는 삶을 살아가길 바랍니다.

내일을 위한 메시지

이야기의 주제와 관련해 나의 이야기를 마음껏 써보세요.
꿈에 한 걸음 더 다가가는 여러분만의 이야기를 만들어 보세요.

돈 많은 백수가 꿈인 청소년이 읽어야 할 이야기!

익숙한것에 속아
소중함을 가볍게 여기다간
결국 소중한 내가 다치게 될거야.
익숙함은 당연함이 아니라
소중함이란걸 꼭 기억해!

가까울수록
소중함을 잊게 된다

    가족, 친구, 동료 등 우리는 매일 같이 소중한 사람들과 소통하며 지냅니다. 하지만 가까운 만큼, 가끔은 이들의 소중함을 잊고 살아가기도 합니다. 당신은 평소에 그들의 소중함에 대해 생각해 본 적이 있나요?

일상 속 당연함의 함정

    지금 당장 스마트폰 연락처 목록을 보세요. 누구와 자주 연락하는지, 누구와는 거의 연락하지 않는지를 확인할 수 있습니다. 연락처들을 보면서 가끔은 오랫동안 연락하지 않은 이들이 생각나기도 합니다. 그런데 생각해 보면 자주 연락하든 그렇지 않든 연락처 속 사람들은 나에게 중요한 존재일 수도 있지만, 정작 일상의 바쁨 속에 잊고 지낸 사람들인 경우가 많죠.

오랜 친구일수록 더욱 그 소중함을 잊고 살기도 합니다. 우리는 그들과의 추억을 소중히 여기지만, 일상에서 그들의 존재감은 희미해집니다. 이는 가까운 사이일수록 더욱 자주 발생하는 현상입니다.

소중함을 일깨우는 방법,
가끔은 나의 주변을 돌아볼 필요가 있습니다.

그렇다면 우리는 어떻게 그들의 소중함을 느낄 수 있을까요? 일단 인식하는 것이 먼저입니다. 미래를 향해 달려나가더라도 가끔은 멈춰 서서 주변을 돌아볼 필요가 있습니다. 가까운 사람들에게 감사의 마음을 전하는 것만으로도 관계는 더욱 돈독해질 수 있는 법이죠.

또한, 소소한 관심으로도 그들이 나에게 소중한 존재임을 알 수 있게 합니다. 예를 들어, 친구가 최근에 어려움을 겪고 있다면 따뜻한 음료 한 잔을 사주거나, 그저 근황을 물어보는 것만으로도 큰 힘이 될 수 있습니다. 이러한 작은 행동들이 모여 상대방에게 큰 사랑과 존중으로 느껴지기 때문입니다.

떠나고 난 다음에 후회하는
미련한 사람이 되지 마세요.
주변을 둘러보는 일,
그렇게 어려운 일도 아닙니다.

성공을 향해 달려가는 우리에게 필요한 것은 단지 빠르게 앞만 보고 달리는 것이 아니라 가끔은 주변을 둘러보며 가까운 사람들과 함께하는 여정입니다. 그들과의 관계를 소중히 여기며 살아간다면 우리의 인생은 더욱 풍요롭고 의미 있는 것으로 가득 찰 것입니다.

당신 주변의 소중한 존재를 떠올리는 것만으로도 깊은 울림을 줄 수 있습니다.

내일을 위한 메시지

이야기의 주제와 관련해 나의 이야기를 마음껏 써보세요.
꿈에 한 걸음 더 다가가는 여러분만의 이야기를 만들어 보세요.

내 춤은 너를,
그리고 우리를 즐겁게 할 거야!.

돈 많은 백수가 꿈인 청소년이 읽어야 할 이야기!

웃음과 미소에
적은 없다!

인간관계를 원만하게 유지하는 비결 중 하나는 바로 웃음과 미소입니다. 웃음과 미소는 단순한 표정 변화 이상의 의미를 갖습니다.

힘든 대화도 웃음이라면

묘약입니다.

여러분이 공감할 수 있는 상황을 예로 들어보겠습니다. 매일 만나는 동료나 친구가 무표정하거나 우울한 표정을 지을 때 대화의 분위기는 자연스럽게 가라앉기 마련입니다. 반면, 미소를 짓고 있는 사람과의 대화는 그 자체로 편안하고 긍정적인 에너지를 불어넣습니다. 울상 짓는 얼굴은 대화 분위기를 가라앉히는 반면, 웃는 얼굴은 상대방에게 안정감을 주며 소통을 원활하게 만들기 때문이죠.

성공적인 인간관계의 시작은
바로 당신의 첫인상입니다.

성공적인 인간관계를 유지하기 위해서는 첫인상이 매우 중요합니다. 한 연구에 따르면 사람들은 처음 만난 사람의 표정과 태도를 기반으로 그 사람의 성격을 판단하게 된다고 합니다. 실제로 웃음과 미소는 당신을 개방적이고 친근한 인물로 보이게 만든다는 것을 우리는 잘 알고 있습니다. 특히 비즈니스 미팅, 인터뷰, 새로운 사회적 환경에서는 첫인상이 정말 중요합니다.

"웃는 얼굴에 침 못 뱉는다."라는 말이 있죠. 실제 미소를 지을 때 사람들은 당신의 작은 실수를 좀 더 쉽게 용서하는 경향이 있습니다. 만약 실수를 저질렀다면, 그 실수를 인정하고 사과하는 과정에서도 웃음과 미소는 긍정적인 분위기를 조성하여 상황을 더 나은 방향으로 이끌 수 있습니다.

누굴 만나든

당신은

기분 좋은 사람이 되십시오.

미소와 웃음도 처음에는 의식적인 노력이 필요합니다. 웃음과 미소를 습관화하면 이는 자연스럽게 당신의 일부가 되어 다른 사람과의 관계뿐만 아니라 당신의 기분에도 긍정적인 영향을 미칩니다. 즉 연습을 통해 미소를 자연스럽게 유지하게 되면 당신의 일상적 사회적 관계에서 큰 자산이 된다는 의미입니다.

웃음과 미소는 단순한 표정 이상의 힘을 갖습니다. 인간관계를 풍부하게 하고 삶의 질을 향상시키며, 우리가 추구하는 행복과 성공으로 가는 길을 열어주기도 합니다.

그러니 여러분,
오늘도 웃음 한 스푼, 미소 한 줌을 잊지 마세요!

내일을 위한 메시지

이야기의 주제와 관련해 나의 이야기를 마음껏 써보세요.
꿈에 한 걸음 더 다가가는 여러분만의 이야기를 만들어 보세요.

돈 많은 백수가 꿈인 청소년이 읽어야 할 이야기!

하루하루 배움과 노력의 여정, 이미 나는 꿈을 향해 성장하고 있습니다

1

'나는 불확실한 미래를 잘 버티면서 진정 내가 원하는 꿈을 이룰 수 있을까?', '나는 정말 잘하고 있는 걸까?' 나만 힘든 것 같고, 나만 뒤처지는 것 같은 의구심은 수시로 머릿속을 맴돌 것이에요. 하지만 너무 걱정하지 말아요. 걱정한다고 해결될 일이면 벌써 우린 꿈을 이뤘을 거예요. 원하는 꿈을 이룬 대부분의 사람들은 여러분들처럼 이런 힘든 과정도 꿈을 향해 나아가는 걸림돌 중 하나라고 생각하여 이겨낸 사람들이란 걸 기억하세요. 그 소중한 시간에 여러분들이 진정으로 원하고 바라는 꿈과 함께 한 발 더 정진하는 현명한 여러분이 되세요.

2

하루하루 생각만 하다가 시간을 보내지 마세요. 백 번을 생각만 하는 것보다 한 번을 직접 부딪쳐 보는 게 훨씬 더 큰 효과가 나타날 거예요. 원하는 목표를 위한 방법을 생각했으면 그 생각을 행동으로 옮기고, 그 행동을 지속적으로 꾸준히 노력하여 습관으로 만든다면 여러분들은 반드시 원하는 꿈을 이룰 수 있을 거예요.

1. 생각 -> 2. 행동 -> 3. 노력 -> 4. 습관 -> 꿈

3

우리는 가정에서부터, 학교생활, 사회생활, 동호회 등 매일매일을 여러 사람들과 함께 생활하고 있어요. 하루에도 수많은 사람들과 마주하다 보니 나랑 결이 맞는 사람도 있겠지만 분명 나와 결이 다른 사람이 있을 거예요. 우리는 외모뿐 아니라, 생활해 온 환경, 행동, 말투, 습관 등이 개개인마다 다르다 보니 종종 나랑 결이 다른 사람을 만날 수밖에 없어요. 그로 인해 상처받고 소중한 내가 다칠 때도 있어요. 이럴 땐 어떻게 해야 할까요? 결이 다른 그 사람을 설득시켜 나랑 같은 생각을 가지게 하는 것이 현명할까요? 중요한 것은 모든 사람들에게 좋은 사람일 필요는 없다고 말해주고 싶어요. 결이 다른 사람에게 나를 맞추려고 노력하는 시간보다 그 시간에 나를 좋아해 주고 응원해 주는 사람들에게 시간을 투자하는 것이 훨씬 효율성이 좋을 거예요. 다시 한번 강조합니다.

나와 결이 다른 사람들은
틀림이 아니라 나와 다르다는 것을 꼭 기억해 주세요.

나 자신보다 소중한 것은 없어요. 결이 다른 사람 때문에 나를 다치게 하는 행동은 이제 그만 멈추고, 나를 좋아해 주고 응원해 주는 이들에게 소중한 시간을 투자하는 현명한 여러분이 되길 응원합니다.

4

나의 소중한 꿈을 주변에서 반대하는 경우가 있어요. 저 역시 단 한 명도 응원해 주고 격려해 주는 사람이 없었으니까요. 모두가 "안 된다."라고 말했습니다. 물론 진심으로 걱정돼서 그런 말을 하는 거겠지만 부정적인 말을 들으니 저 역시 흔들림도 많았고, 포기하고 싶은 마음도 많았지만 유일하게 단 한 사람인 나 자신만은 할 수 있다고 힘을 실어주었습니다.

"그래 도전해 보는 거야! 설령 넘어지더라도 다시 일어서면 되잖아!"

주변 사람들의 말이 옳을 수도 있고, 틀릴 수도 있습니다.

결국 선택은 여러분들 자신의 몫이란 걸 기억하세요.

5

이 책을 읽는 여러분들의 10년 후 미래의 모습을 상상해 알려주세요. 이 책에 적어도 좋고 주변 사람 그 누구라도 좋습니다. 가족이든 친구들이든 저자인 저에게든. 그리고 혹여나 가는 길이 힘들고 지칠 때마다 다시 한번 10년 후 미래의 모습을 꺼내보며 자신에게 얘기해 주세요.

"오늘 하루도 꿈을 위해 한 발 한 발 정진하는 자신에게 수고 많았다고, 힘든 하루 잘 버티면서 잘 따라와 줘서 고맙다고 토닥여 주세요."

적어도 여러분들은 이미 저자인 저보다 훨씬 축복받은 사람이란 걸 기억하세요. 10년 후 꿈을 이룬 여러분의 멋진 모습을 함께 축하해 줄 사람이 이미 여기 한 사람이 있으니까요^_^.

PS - 고민상담, 진로문의 등은 저자 이메일(freestylek7@naver.com)이나 SNS(인스타, 유튜브)로 상담해 주세요^^.

미래의 나에게 보내는 메시지

10년 후 여러분이 이룰 멋진 꿈을 적어보세요.
이 메시지가 여러분들을 꿈의 세계로 안내할 거예요.

_____

_____

_____

_____

_____

_____

_____

_____

_____

_____

_____

_____

_____

_____

_____

고민상담, 진로문의 등은 저자 이메일(freestylek7@naver.com)이나
SNS(인스타, 유튜브)로 상담해 주세요^^.

초판 1쇄 발행   2024. 9. 18.

지은이   김전성
펴낸이   김병호
펴낸곳   주식회사 바른북스

편집진행   황금주
디자인   한채린

등록   2019년 4월 3일 제2019-000040호
주소   서울시 성동구 연무장5길 9-16, 301호 (성수동2가, 블루스톤타워)
대표전화   070-7857-9719 | **경영지원**   02-3409-9719 | **팩스**   070-7610-9820

•바른북스는 여러분의 다양한 아이디어와 원고 투고를 설레는 마음으로 기다리고 있습니다.

이메일   barunbooks21@naver.com | **원고투고**   barunbooks21@naver.com
홈페이지   www.barunbooks.com | **공식 블로그**   blog.naver.com/barunbooks7
공식 포스트   post.naver.com/barunbooks7 | **페이스북**   facebook.com/barunbooks7

ⓒ 김전성, 2024
ISBN 979-11-7263-146-8 03190